Monika Kohler

Theater spielen zu Weihnachten

Die Weihnachtsbotschaft für unsere Zeit

Verlag an der Ruhr

Impressum

Titel: Theater spielen zu Weihnachten
Die Weihnachtsbotschaft für unsere Zeit
Autorin: Monika Kohler
Druck: Druckerei Uwe Nolte, Iserlohn
Verlag: **Verlag an der Ruhr**
Postfach 10 22 51, D-45422 Mülheim an der Ruhr
Alexanderstr. 54, D-45472 Mülheim an der Ruhr
Tel. 02 08 – 43 95 40 Fax 02 08 – 43 95 439
E-Mail: info@verlagruhr.de
www.verlagruhr.de

ISBN 3-86072-632-3

Die Schreibweise der Texte folgt der reformierten Rechtschreibung.

Gedruckt auf chlorfrei gebleichtes Papier.

Inhalt

Einführung

Die Stücke

Einführung:

Vom Spielen zum Vorspielen

Tipps zum Erspielen eines freien Theaterstückes

Mit diesem Buch wende ich mich an Sie als experimentierfreudigen, den Kindern zugewandten Spielleiter und Pädagogen. Einerseits möchte ich mit den zahlreichen Spielideen praxisnahe Handreichungen für das prozessorientierte Entwickeln eines eigenen Theaterstückes geben. Andererseits liegt mir daran, dabei auch den Hintergrund meiner Theaterarbeit durchschimmern zu lassen: Nämlich das ganzheitliche, integrierende, präventive und kreative Arbeiten mit Kindern – und das Kindertheater als einen wunderbaren, fröhlichen Weg, um Kinder in ihrer Entwicklung zu unterstützen.

Was bedeutet „Spielidee"?

- Der Begriff „Spielidee" soll verdeutlichen, dass es hier nicht darum geht, ein vorgegebenes Theaterstück zu imitieren bzw. festgelegte Dialoge auswendig zu lernen. Vielmehr geht es darum, Kinder durch Themen und Motive zum Theaterspielen zu inspirieren.
- Eine ausgeprägte Handlungsstruktur wird von der Spielgruppe selbst ausgefüllt, erweitert und belebt.
- Das freie Spiel, die eigene Sprache und die eigene Ausdrucksfähigkeit sind die wichtigsten gestalterischen Elemente. Da wird nicht auswendig gelernt, sondern inwendig begriffen.
- Die gleiche Spielidee kann mit sechs oder mit zwanzig Kindern ausgestaltet werden. Niemand wird heimgeschickt oder ausgegrenzt, weil alle Rollen besetzt sind.
  Da kann eingeladen, einbezogen und integriert werden, weil sich immer neue Möglichkeiten auftun.
- Das fertige Stück bekommt den Charakter der mitwirkenden Kinder – ihre Erfahrungen und Fähigkeiten bestimmen mit.

Überlegungen zur zeitlichen Planung

- Je nachdem wie häufig Sie mit den Kindern in der Woche proben können, sollte sich die Probezeit über sechs bis acht Wochen von den einzelnen Entwicklungsschritten bis zur Hauptprobe erstrecken.
- Da vielleicht mehrere Aufführungen vorgesehen sind, sollten die Proben möglichst bis zur zweiten Dezemberwoche abgeschlossen sein.
- Das heißt: Die im Schnitt vier Doppelstunden zur Entwicklung des Stückes und die vier Doppelstunden zur Übung der Szenen brauchen eine intensive Strukturierung, die aber keinesfalls in Gängelung der jungen Spieler ausarten sollte.
  Das spontane Spiel hat bis zu den Endproben immer Vorrang und Raum.

Die Strukturierung der Theaterstücke/ Spielideen

Die fünf Theaterstücke sind alle nach einem ähnlichen Schema aufgebaut, das Ihnen eine schrittweise Entwicklung von den ersten Spielübungen bis hin zur Aufführung ermöglichen soll.

Zu Beginn jeder Spielidee können Sie sich über **Voraussetzungen,** den **Inhalt** und das **Ziel** des Stückes informieren.
Hier erfahren Sie, mit welcher Gruppe Sie das Stück spielen können und wo die inhaltlichen als auch die didaktischen Schwerpunkte liegen.
Die Erarbeitung und Entwicklung der Spielideen wird in mehreren **Spieleinheiten** durchgeführt, die die Kinder Schritt für Schritt an das Theaterstück heranführen.

⏩ Die Spieleinheiten

Die in einzelne Spieleinheiten aufgegliederten Spielideen sollen Ihnen eine Orientierungshilfe sein, kein Ziel oder Zwang, in einer Doppelstunde genau so weit zu kommen wie es hier vorgeschlagen wird. Auch der zeitliche Rahmen der einzelnen Einheiten kann von Ihnen je nach Alter und Leistungsstand der Kinder frei variiert werden. Als Faustregel kann gelten: Je größer die Gruppe, desto langwieriger die Proben.

Wenn Sie früh mit den Proben beginnen, können Sie sich auch mal im Spiel treiben lassen und den Kindern für einzelne Spiele länger Zeit geben oder ganze Einheiten wiederholen.

Wenn Sie knapp mit der Zeit sind, können Sie einzelne Übungen auch wegfallen lassen und straffer vorgehen. Die einzelnen Übungen einer Spieleinheit sind aufeinander abgestimmt und unterstützen das Spielthema auf unterschiedliche Art.

Zum **Stundenbeginn** geht es in dem sogenannten **„Warm-up"** meist um Lockerung oder um Sensibilisierung der Gruppe für das anstehende Thema.

In den **Übungsteilen** geht es darum, dass sich die Kinder in ihrer eigenen Erlebniswelt ausdrücken (z.B. im Freien Spiel), dass sie sich in Rollen einleben (z.B. in Rätselspielen), dass sie den Inhalt des Stückes erfassen oder die Struktur des Stückes durchschauen. Einzelne Szenen werden entwickelt und gespielt, sodass sich nach und nach die Szenenfolge des Gesamtstückes aufbaut.

Am Ende jeder Spieleinheit, zum – **Ausklang** – brauchen die Kinder Zeit, damit sie aus ihrer Spiel- und Rollenwelt wieder richtig und sanft in der Realität landen (z.B. mit Hilfe von Fantasiereisen).

Beispiele und Anregungen: Einsatz der Szenenvorlage

Bevor die Kinder die Szenenvorlage in die Hand bekommen, kennen sie aus den Entwicklungsschritten der vorausgehenden Spieleinheiten meist schon das ganze Stück. Die Szenenvorlage ist eine Gedächtnis- und Konzentrationsstütze für die Probenarbeit und kann ständig verändert und revidiert werden. Die hier vorgegebenen Szenenvorlagen dienen nur als Beispiel und sollen Ihnen eine Anregung geben, wie das Theaterstück aufgebaut sein könnte, welche Personen vorkommen und wie die Szenenabfolge schließlich aussehen könnte. Es ist sinnvoll, für Ihre Theatergruppe eine eigene Szenenvorlage zu entwickeln und diese den Spielern an die Hand zu geben. Die Kinder lesen sie und markieren darin ihre eigene Rolle farbig. Entweder kann sie vor jeder Szene zur Hand genommen werden oder nur zum Anfang oder Ende einer Probestunde, um Veränderungen festzuhalten. Manchmal müssen Rollen eingefügt oder ganze Szenen verändert werden. Oft brauchen die Kinder ihre Szenenvorlage gar nicht, weil sie alle Handlungsschritte im Kopf haben.

Beispiele und Anregungen: Das Textbeispiel

Das Textbeispiel ist nicht für die Hand der Kinder, sondern nur für Sie als Anregung und mögliche Textvorlage gedacht. Es dient zur Abrundung und Kontrolle des mit den Kindern entwickelten Stückes. Es soll Ihnen helfen, eine konkrete Vorstellung vom Spielkonzept zu bekommen und soll Ihnen Mut machen. Auf keinen Fall soll es Sie einengen oder gar festlegen. Ein ausführlicher Text zum Lernen ist für die Kinder der Altersstufe von 8–12 Jahren eher hinderlich und widerspricht der Intention dieser Theaterarbeit mit Kindern.

Rahmenbedingungen

Für die einzelnen Spieleinheiten, die Probenarbeit und später die Aufführung sollten Sie bestimmte Vorbereitungen treffen, um für die Übungs- und Spielphasen möglichst ideale Rahmenbedingungen zu schaffen.

Ideal für die Proben wäre ein **großer Raum ohne Tische,** um genügend Platz für den Sitzkreis und die Spiele in der Großgruppe zu haben. Außerdem wären mehrere **Spielorte** für das Proben/Spielen in Kleingruppen (d.h. evtl. sogar kleine Nebenräume) für das konzentrierte Entwickeln und Üben der Szenen von Vorteil.

Eine feste Nummerierung der Räume hilft, wenn den Kleingruppen ihre Spielorte zugewiesen werden. Alle Spielorte sollten gut erreichbar, von Ihnen jederzeit zu beaufsichtigen und doch geschützt sein.

Für schüchterne Kinder und Kinder, die z.B. Spiele mit Körperkontakt nicht mitmachen wollen, können Sie in der Ecke des Raumes eine Decke über einen Tisch breiten, die bis zum Boden hängt.
Für diesen **Ort des Rückzugs** gilt, dass darin weder gesprochen noch gekämpft wird.

Ein **Requisitenkoffer** mit alten Kleidungsstücken, Tüchern, Hüten, Farben und großen Papierbögen sollte in jeder Stunde griffbereit sein. Die Spieler sollten auch Alltagsgegenstände zu Requisiten umfunktionieren dürfen, die sich zufällig im Raum befinden, mit der Auflage, dass diese dabei nicht beschädigt werden und nach der Probe wieder an ihren Platz zurückgelegt werden.

Musikalische Begleitung

Für viele Theaterstücke bietet es sich an, die Szenen musikalisch zu begleiten oder an geeigneter Stelle ein Lied anzustimmen. Dafür eignet sich eine **Instrumentalgruppe** oder ein **Chor**.
In einigen Theaterstücken finden Sie Noten und Text von Liedern, die zum Inhalt der Stücke passen. Ansonsten bieten sich bekannte Weihnachtslieder zur Untermalung der Stücke an.

Das Theaterstück entwickeln

Organisation

Während Warm-up und Ausklang immer gemeinsam in der Großgruppe stattfinden, wechseln in der Erarbeitungsphase die Spielformen zwischen Übungsaufgaben im Sitzkreis, Bewegungsspielen und Fantasiereisen in der Großgruppe und Rollenspiel in Kleingruppen.
Bei längerem Rollenspiel, ob frei oder nach Rollenkarten, agieren die Kinder am zugewiesenen Spielort, den sie passend zur Übung selbst gestalten.
Sie verkleiden sich und „möblieren" die Szene nach Wunsch. Haben die Kinder an ihren Spielorten Szenen zum Vorspielen erarbeitet, geht die Großgruppe von Spielort zu Spielort, die Kleingruppe, die am Zuge ist, weist der Gruppe ihren Platz zu. Die Spielzeit, die jeder Gruppe zur Verfügung steht, wird vor dem Spielen bekannt gegeben. Während des Spiels wird nicht unterbrochen, nur ein beauftragtes Kind mahnt eine Minute vor Spielzeit-Ende.
Erst nach dem Klatschen kann die Gruppe Kommentare abgeben.
Nach jedem Spiel räumt die Gruppe den Spielort sofort auf.

Weniger aufwendig ist das Vorspielen im Kreis: Aus dem Kreis tritt eine Kleingruppe in die Mitte, spielt ihre erarbeitete Szene vor und stellt sich der Kritik/den Anregungen der anderen.

Schon jetzt werden gute Gewohnheiten aufgebaut, z.B.:

- Zeremonien zum Stundenbeginn und Stundenende;
- der Weg des Spielleiters, der die Kleingruppen immer in der gleichen Reihenfolge "besucht";
- der Umgang mit Requisiten und Möbeln: Keiner verlässt den Raum, wenn nicht alles an seinem Platz ist.

⏩ Inhalte und Dramaturgie

Bei den Spielen zum Kennenlernen, Rätselspielen, beim freien Rollenspiel, Verarbeiten von Eindrücken aus Um- und Mitwelt können Sie die Kindergruppe näher kennen lernen und deren Vorlieben herausfinden. Besonders das freie Rollenspiel spielt eine wichtige Rolle und liefert Erkenntnisse zur Interessenlage der Kinder.
In diesen Spieleinheiten gilt das Brainstorming-Prinzip. Die Kinder sollen also immer wieder äußern, was ihnen gerade durch den Kopf geht und dies auch spielerisch ausdrücken. Machen Sie sich beim Zusehen immer wieder klar, dass ein kindliches (und nicht nur ein kindliches) Gehirn nicht einer Autobahn ähnelt, sondern viele Windungen besitzt.
Also einfach neugierig und geduldig zuschauen, auch mal mitspielen, rückfragen und manchmal provozieren, wenn die Welt gar zu heil ist. Sich amüsieren ist erlaubt.

Bevor Sie Rollen- und Spielkarten einsetzen, lassen Sie die Kinder immer erst frei und selbstständig nachdenken, denn sie werden durch alles Vorgegebene passiv. Ziel ist nicht, in kürzester Zeit ein Ergebnis zu erreichen, sondern die Kinder in ihrer Erfahrungswelt aktiv werden zu lassen. In diesem Stadium des Probierens gibt es noch kein „Richtig und Falsch", keinen Bühnenweg, keine undeutliche Aussprache – sogar Durcheinanderreden wird akzeptiert. Regie führen jetzt die Kinder und Sie lernen von ihnen, wie Inhalte (oft genial einfach) illusorisch dargestellt werden. Lenken Sie vorsichtig die Inhalte in Richtung Theaterstück. Bewegungs-, Improvisations-, Gedankenspiele und Fantasiereisen werden passend zum Stück variiert. Große Teile des Stückes werden inhaltlich und dramaturgisch geklärt. Geben Sie den Kindern dabei immer ein Stück des Handlungsstrangs vor, sodass sich nach und nach eine Rahmenhandlung aufbauen kann. Die kindlichen Spielideen werden integriert, so gut es möglich ist. Das ganze Stück soll vor dem Austeilen der Szenenvorlage schon bekannt sein!

⏩ Gruppenprozess und Ziele

Beobachten Sie das Verhalten der Kinder in den Übungs- und Spielphasen und notieren Sie sich Auffälligkeiten, feste Gruppierungen und Einzelgänger. Schon ab der zweiten Spieleinheit können Kleingruppen oder Partner,

die gut zusammenarbeiten, sich im freien Rollenspiel üben, wenn ihnen die Regeln über den vorsichtigen Umgang mit den Requisiten bekannt sind.
Meist bleiben nur wenige Spieler im großen Raum zurück: besonders schüchterne und besonders aggressive Kinder. Erstaunlicherweise ergänzen sich diese oft sehr gut, aber sie brauchen mehr Strukturen als die anderen Spielgruppen: Hilfe beim Szenenbau, Gegenstände, mit denen sie handelnd umgehen können, Bewegungsaufgaben, Halbmasken, eine Verkleidung …
Findet ein Kind überhaupt keine Spielpartner, begleitet es Sie von Gruppe zu Gruppe. Es kann zuschauen, Sachen holen, beobachten. Meist fehlt irgendwo eine Rolle, sodass das Kind bald einen Platz für sich findet.

Nun können Sie die einzelnen Spielgruppen besuchen. Funktioniert alles in der Gruppe, nicken Sie und gehen weiter zur nächsten Gruppe. Machen Sie die Kinder darauf aufmerksam, dass sie die Rollen ab und zu auch tauschen sollen. Treffen Sie auf Streit oder Probleme, so unterstützen Sie mit Ihrer Anwesenheit eine Versachlichung der Diskussion. Wird mehr diskutiert als gespielt, ist es oft sinnvoll, wenn Sie selber eine Rolle übernehmen und „drauflos"-spielen. Kann sich ein Kind in der Gruppe nicht zurechtfinden, nehmen Sie es einfach mit zu einer anderen Gruppe.

Können sich die Spieler einer Gruppe gar nicht einigen, teilen Sie den Kindern Ihre Beobachtungen bezüglich der Gruppendynamik mit (*z.B. „Bei euch herrscht ein gereizter Ton." – „Bist du beleidigt, Adi?" – „Was ist los, dass ihr nicht zusammenspielen könnt?"*).
Regeln und Strategien zum Konfliktelösen werden eingeführt: Die Kleingruppen sollen dazu motiviert werden, ihre Konflikte selbst zu lösen, selber Probleme auszusprechen, z.B. mittels eines „Redesteins": Nur wer den Stein hat, darf reden – Der Stein geht im Kreis - Jeder darf zwei Minuten reden usw. Manchmal ist es sinnvoll, das Gruppenproblem zum Spielthema zu machen: Dabei spielt jedes Kind aus der Gruppe ein anderes Kind. Sie als Spielleiter bleiben während der Aktion bei der Kleingruppe, mischen sich emotional so wenig wie möglich ein, teilen nur mit, was Sie wahrnehmen und deuten. (*Z.B.: „Sophie redet sehr laut und ohne Pause." – „Klaus will immer etwas sagen und keiner hört ihm zu." – „Keiner lässt den anderen ausreden." – „Zwei gegen Einen."*)
Wichtig ist, dass Problemgruppen den anderen nicht vorspielen müssen!

Die Rollenwahl

Dies ist ein heikles Kapitel, da möglicherweise die Konkurrenz unter den Kindern mit allen Gefühlsausbrüchen entbrennt.
Es bietet jedoch auch die Chance, offen mit Konkurrenz umzugehen und sie kreativ und sinnvoll in den gestalterischen Prozess einzubringen. Beeinflussen Sie die Rollenwahl nicht nach Ihrer Vorstellung! Ziel ist nicht die perfekte Theateraufführung, in der das hübscheste Mädchen die Prinzessin spielen darf und in der alle Klischees der Erwachsenen bedient werden, sondern die in Spiel und Erfahrung gereiften Kinderpersönlichkeiten, die sich frei und lustbetont darstellen.
Immer wieder sollten Sie sich bewusst machen, dass Sie keine kleinen Schauspieler vor sich haben, sondern Kinder: begabte Kinder, aber auch bedürftige Kinder. Gelingt es, ihnen beim Theaterspielen neue Entwicklungsmöglichkeiten aufzutun, wird das später nicht nur in lebendigen Aufführungen sichtbar, sondern wird sich auch positiv auf das Selbstbewusstsein der Kinder auswirken.

Erklären Sie den Kindern vor der Rollenwahl, welche Möglichkeiten es gibt, wenn mehrere Kinder die gleiche Rolle beanspruchen, nämlich:

- Die Rolle wird verdoppelt, wenn das geht (z.B. hat der Vater statt einem Kind nun zwei Kinder).
- Eine ganz neue Rolle wird nach Wunsch eingefügt (z.B. bringt der Nikolaus sein Rentier oder seinen Esel mit in die Stadt).
- Die zwei Kinder, die die gleiche Rolle beanspruchen, losen aus.
- Ein Kind nimmt freiwillig seine zweitliebste Rolle.
- Die „Rivalen" stellen sich der Wahl der Mitspieler.

Möglicherweise verändert eine neu gefundene Rolle nicht nur die Gewichtungen im Stück, sondern das ganze Stück. Hier ist Ihr kreativer Ehrgeiz gefragt, denn Ihre Aufgabe ist es, für eine neue Dramaturgie zu sorgen.

Bevor es an die Rollenwahl geht, sollten Sie **Rollenkarten** vorbereiten, auf die Sie alle im Stück vorkommenden Figuren schreiben. Nun werden die Rollenkarten im Kreis ausgelegt, und die Kinder stellen sich zu ihrer Wunschrolle. Sollte ein Kind nicht seine Wunschrolle bekommen, ist es wichtig zu klären, was es tun kann.
Zieht es sich schmollend zurück? Verlässt es die Gruppe? Macht es nur noch Unfug? Kann es seine neue Rolle annehmen? Wenn die „Rivalen" einander erklären, dass sie gute Verlierer sein können, werden sie von der Gruppe beklatscht. Nach der Wahl wird der „Verlierer" nach Bedarf getröstet und aufgebaut.

„Der Stuhl der Zufriedenheit"

Das ist eine Art „Schlusstest" für die Rollenwahl.
Drei Stühle werden weit weg voneinander aufgestellt:

der „Stuhl der Unzufriedenheit", der „Stuhl der Gleichgültigkeit" und der „Stuhl der Zufriedenheit". So, wie die Kinder sich fühlen, setzen sie sich auf die Stühle, und zwar alle zusammen, auch mehrere Kinder auf einen Stuhl. Das gibt beim „Stuhl der Zufriedenheit" ein freudiges Johlen und Gruppenwetteifer. Sitzt jemand auf dem „Stuhl der Unzufriedenheit", steht ein Gespräch mit dem Spielleiter an. Kinder auf dem „Stuhl der Gleichgültigkeit" haben das größte Problem: Sie können nicht ausdrücken, was sie wollen und nicht spüren, was sie fühlen. Sie brauchen mehr als ein Gespräch, vielleicht eine ganz neue Rolle im Stück, in der sie sich ausdrücken können.

Die Proben

Organisation

Bereiten Sie bei den Proben schon alles für die Aufführung vor. Sorgen Sie für einen wirkungsvollen, zweckmäßigen Rahmen der Aufführungen. Soll aus dem Halbkreis gespielt werden? Werden Stationen aufgestellt? Passt ein Podium oder eine Bühne? Wenn in einem großen Saal die Stimmen nicht technisch verstärkt werden, empfiehlt es sich, die Bühne quer in den Raum zu stellen, damit der Abstand zum Publikum nicht so groß ist.

Stellen Sie einen Probenplan auf, in dem Sie alles vermerken, woran Sie im Laufe der Proben denken müssen. Vergessen Sie nicht, die Schulleitung, den Hausmeister und die Kollegen über die bevorstehende Aufführung zu informieren. Außerdem sind Elternbriefe, die Sie rechtzeitig den Kindern mitgeben, äußerst wichtig und helfen gegen Hektik und Unfrieden. Bitten Sie die Eltern um möglichst viel Mithilfe: Auch Bastelabende helfen gegen Überlastung.

Die **Kostüme** bestehen aus einfacher, meist schwarzer Sportkleidung: Trikot und Leggins. Da viele Kinder mehrere Rollen spielen, muss der Wechsel sehr schnell gehen. So wird ein Kostüm oft durch ein einziges Kleidungsstück, eine Halbmaske (siehe S. 170/171), eine Perücke oder einen Hut angedeutet, alles andere wird durch die Körperhaltung, die Stimme und den Gang ausgedrückt.
Für die Kostüme und Requisiten wird ein **Ordnungssystem** mit Wandhaken oder Waschkörben eingeführt, verantwortlich sind die Spieler selber.

Notieren Sie bei den Proben unklare Szenen und klären Sie sie bei Bedarf in **Einzelproben**. Vor den Gesamtproben und vor der Hauptprobe wird je eine **„Endlosprobe"** anberaumt, in der das ganze Stück ohne Rücksicht auf die Zeit durchgespielt wird.

Instrumentalgruppe und **Chor** dürfen bei den ersten beiden Gesamtproben der Spielgruppe gegenübersitzen, weil sie bei den Aufführungen erfahrungsgemäß auf ihren Plätzen seitlich der Bühne nichts sehen.

➧ Inhalte und Dramaturgie

Raumwege und **Standpunkte** werden durch Markierungen am Boden oder wortarme Zuweisungen festgelegt, z.B: Führen an der Schulter (Der Körper lernt schneller als das Hirn!).

Ausdruck und **Sprache** bleiben frei bis in die Aufführungen hinein und werden durch Interventionen gestärkt: Loben Sie deutliches Sprechen, unterbrechen Sie bei Verständnislücken, sprechen Sie einzelne Sätze langsam nach – langsam sprechen ist viel wichtiger als laut sprechen! Fordern Sie das Wiederholen von Sätzen in langsamem deklamierendem Singsang ein (so lange es den Kindern Spaß macht), hören Sie sich die Sprache von verschieden entfernten Standpunkten an, auch mal vor der geschlossenen Tür und machen Sie den Kindern klar, dass auch die Zuschauer in der letzten Reihe etwas hören möchten.
Auch eine gute **Körperhaltung** trägt zum deutlichen Sprechen bei.

Besonders die **Übergänge** von Szene zu Szene werden geübt, bis sie reibungslos in Eigenverantwortung der Spieler ablaufen.

Überdenken Sie das ganze **Theaterstück** nochmals kritisch: Ist es zu lang oder zu kurz, klar oder unklar, langweilig? Drücken sich die Kinder sinnstiftend aus? Passen die Spielebenen? Eventuell fügen Sie noch eine „lustige Figur" ein oder ein spannendes Element, fassen Sie Szenen zusammen und klären Sie Abläufe ganz genau.

➧ Gruppenprozess und Ziele

Jeder ist für den Erfolg der Gruppe wesentlich verantwortlich! Pünktlichkeit, Ruhe, gegenseitige Zuwendung und Aufmerksamkeit fördern eine gute Probenarbeit. Wer das nicht verstehen will, dem macht es seine Spielgruppe verständlich. Lassen auch Sie die Kinder spüren, dass sie wichtig sind. Zum Stundenbeginn begrüßen Sie jeden mit Namen. Ein von den Kindern vorgeschlagenes Spiel wird gespielt, dann werden aktuelle Schwierigkeiten kurz angesprochen.
Vor jeder Szene lassen Sie die Kinder mit Hilfe der Szenenvorlage in ihre Rolle hineinfinden.

Beim Proben werden schüchterne Kinder nicht gedrängt, sondern unterstützt, lebhafte oder fahrige Kinder werden nicht gebremst, sondern gelenkt.
Zum Stundenausklang wird kurz innegehalten um die Probe im Kopf rückwärts laufen zu lassen. Ist noch eine Kritik offen oder eine Unklarheit? Ist noch ein Ärger im Raum, eine Entschuldigung fällig?

Beispiel für eine „Zeremonie" am Ende der Übungsstunde:
Lege dich bequem auf den Boden, an einen Platz zwischen gute Freunde, die dich nicht …
(Kinder: „zwicken und zwacken")
und schalte dein Kopfkino ein. Schaue dich selbst im Kino an, in deiner Rolle.
Hattest du heute gute Ideen? Hast du dich verständlich ausgedrückt? Wie ist euer Zusammenspiel gelungen? Willst du dir für die nächste Probe etwas Besonderes merken? Wenn du Lust hast, kannst du beim Hinausgehen den Kindern danke sagen, die gut mit dir zusammengespielt haben.
Ich danke euch jetzt allen, weil ihr heute so konzentriert gespielt habt.
Bis zur nächsten Probe, auf Wiedersehen!

Die Aufführungen

Organisation

Als Vorbereitung für die Vorstellung reichen zwanzig Minuten aus, wenn die Kinder nach der Generalprobe alles an seinen Platz geräumt haben: Zehn Minuten zum Herrichten und Ermahnen einzelner Spieler (Toilette nicht vergessen) – acht Minuten zum Konzentrieren – zwei Minuten für eine Zeremonie – Standpunkt einnehmen und – Vorhang auf! Zum Schluss liegt jedes Ding wieder an seinem Platz!

Inhalt und Dramaturgie

Das Stück soll so von selbst laufen, dass Sie gemütlich zuschauen können. Notieren Sie sich, was bei der nächsten Aufführung intensiviert werden kann und achten Sie bei mehreren Aufführungen darauf, was die Kinder „zerspielen". Wenn Sie ab und zu ein Auge auf das Publikum richten, erfahren Sie viel über die Stärken und Schwächen des Stückes.

Gruppenprozess

Stärken Sie vor den Aufführungen das „Wir-Gefühl" der Gruppe. Einfache Zeremonien sind: Händedruck im Kreis weitergeben oder eine Runde Ballspielen ohne Ball. Schuldzuweisungen an Einzelne wegen Patzern gibt es nicht, da ja kein Text festgelegt ist. Jeder trägt die Handlung vorwärts, zugewendet, aufmerksam, offen für Änderungen. Nach der Aufführung brauchen die Spieler Anerkennung und Würdigung, Lob und manchmal Trost.
Bei uns gibt es nach der Premiere selbst gestaltete Buttons als Erinnerung an das Stück, ein Getränk und ein Essen. Nach der allerletzten Aufführung kommt die Hektik des Aufräumens und danach die Verabschiedung: Ein letztes Eis wird zusammen geschleckt, Aufregung, Zukunftspläne schwirren im Raum. Schön war's, wir haben es geschafft!

Viel Spaß beim weihnachtlichen Theater spielen!
Ihre Monika Kohler.

1.
Theater-
stück

Wir suchen den Weihnachtsstern

Voraussetzungen

- ✓ **Alter:** zwischen 8 und 12 Jahren
- ✓ **ideale Spieleranzahl:** 9 bis zu 20 Spieler
- ✓ vor dem Einstieg ins Stück sollten mindestens ein bis zwei Doppelstunden mit Spielen zum Warm-up und Kennenlernen stattgefunden haben

Hintergrund des Stückes

Bibel:

Als Jesus zur Zeit des Königs Herodes in Bethlehem in Judäa geboren worden war, kamen Sterndeuter aus dem Osten nach Jerusalem und fragten: „Wo ist der neugeborene König der Juden?" Matth. 2, 1–2

Brauchtum:

Im Jahreskreis ist das Fest der Heiligen Drei Könige, die von einem Stern geleitet das Christkind finden und verehren, fest verankert. In katholischen Gegenden gehen die „Sternsinger" von Haus zu Haus, singen und sammeln für Entwicklungsprojekte und schreiben die Königsnamen „**C**aspar – **M**elchior – **B**althasar" an die Tür. (Eigentlich bedeutet der Spruch: „**C**hristus **M**ansionem **B**enedicat" – „Christus segne dieses Haus".) Daher sind den Kindern die Gestalten der umherziehenden Könige vertraut.

Inhalt des Stückes

Die Hl. Drei Könige ziehen durch die Welt und fragen die Menschen, wo der Weihnachtsstern zu finden sei. Sie treffen dabei auf verschiedene negative Situationen: wie z.B. auf Streit, Trauer, Einsamkeit, Unfreundlichkeit etc. Deshalb bekommen die Menschen von den Hl. Drei Königen einen Wendestern: Vorne steht ein zur Situation passender negativer Begriff (z.B. Feindschaft) und auf der Rückseite steht der gegenteilige positive Begriff (z.B. Freundschaft). Nachdem die Menschen diesen Stern gewendet haben, entwickeln sie ihre negative Situation positiv zu Ende. In dieser Weise ziehen die Hl. Drei Könige von negativer zu negativer Situation und beeinflussen die Menschen positiv durch die Wendesterne. Aus den einzelnen Wendesternen (die während des Stücks nach und nach an die Bühnenwand geheftet werden) entsteht, ähnlich einem Puzzle, am Schluss der Weihnachtsstern.

Ziel

Mit Hilfe von Beispielsituationen sollen die Kinder lernen, negative Geschehnisse und Zustände positiv zu verändern. Die Kinder sollen dabei nicht nur Situationen aus ihrer eigenen Erfahrung mit einbringen, sondern auch beim Nachspielen dieser Situationen lernen, ihre Gefühle wahrzunehmen und auszudrücken. Denn oftmals führen Menschen, weil sie ihre Gefühle nicht zulassen können, einen erbitterten Kampf gegen sie, anstatt gegen die negativen Situationen selbst.
Sie verspannen sich und rauben sich selbst die Energie, die sie für die Änderung eines Zustandes brauchen würden.
So werden bei der Erarbeitung des Stückes immer wieder die verschiedenen Ebenen: Handlung – Gefühl – Verstand in Verbindung gebracht.

Angenehme und unangenehme Gefühle ausdrücken

Material

* **Spielkarten** zum Stück für den „kreativen Notstand" (Beispiele siehe S. 41, 42)
* leere Kartonkarten, Stifte

Entwicklungsschritte

In der **ersten Spieleinheit** sollen die Kinder dazu angeregt werden, aus ihrem eigenen Erfahrungsschatz heraus Geschichten zu erzählen, die sie mit angenehmen oder unangenehmen Gefühlen verbinden. Diese Geschichten sollen sie versuchen vorzuspielen und damit andere miterleben lassen.

Zuerst wird in einer als **Bewegungsgeschichte** (S. 23) ausgestalteten Phantasiereise geübt, bestimmte Tätigkeiten und Situationen mit bestimmten Gefühlsausrufen in Verbindung zu bringen. Dabei erfahren die Kinder, dass negative wie positive Situationen mit negativen bzw. positiven Gefühlen verbunden sind und dass manche Gefühle mit einfachen Lauten ausgedrückt werden können.
Im anschließenden **Gedankenspiel** werden die Situationen der Bewegungsgeschichte reflektiert und geordnet: Haben die Situationen angenehme oder unangenehme Gefühle ausgelöst?
In der **Übungsphase** kommt der Gefühlsausdruck als „Ich-Botschaft" hinzu, die von der Gruppe aufgegriffen und „be-handelt" wird. „Mir geht es gut, wenn ..." oder „Ich hasse es, wenn ..." Anschließend werden die erzählten Geschichten einzelner Kinder zu Spielanlässen, um die Verwandlung der Gefühle zu erproben („Gute Fee – böse Fee").
Durch das Ausdenken einer **Situationswende** wird aus einer Geschichte langsam eine Theaterszene.
Im **Ausklang** soll die Selbstwahrnehmung durch eine **Stilleübung** gefördert werden.

Durchführung

A | EINGANGSRUNDE

Gespräch übers Wochenende: *Was machst du gerne mit der Familie und was nicht?*

B | WARM-UP

„Die Bergwanderung" – eine Bewegungsgeschichte

In dieser Bewegungsgeschichte erzählen Sie den Kindern, wie eine Familie (bei jungen Kindern z.B. „Familie Bär") eine Wanderung macht. Während des Erzählens bewegen sich die Kinder entsprechend der Geschehnisse in der Geschichte. Zweite Aufgabe für die Kinder: Wenn Sie die Hand bei den entsprechend gekennzeichneten Stellen (✋) heben, sollen die Kinder einen passenden Laut von sich geben.

Die Bergwanderung

(kann noch nach eigenen Vorstellungen ausgestaltet werden)

Familie Bär geht auf Wanderschaft. Sie gehen durch ein schönes Tal mit kunterbunten Blumen, es duftet nach Rosen und Veilchen. Da stehen sie vor einer Wegkreuzung. Papa Bär will rechts gehen, Mama Bär links und die beiden Kinder Pit und Polter geradeaus.
Papa setzt sich durch, die Familie geht nach rechts.
Schon bald kommen sie an einen steilen Hang. Sie klettern hinauf. Sie steigen, krabbeln und klettern. Irgendwann muss dieser Berg doch ein Ende haben! Nein, er hat keins! Der Berg wird steil und steiler! Papa wischt sich den Schweiß von der Stirn, Mama bleibt keuchend stehen, Pit und Polter können nicht mehr.
Papa verspricht: Wenn nach der nächsten Wegbiegung der Gipfel immer noch nicht zu sehen ist, kehren wir um!
Pit und Polter steigen voraus. Sie winken Papa und Mama zu: „Gleich sind wir oben!" Freudig marschieren Papa und Mama los. Da stolpert Mama über eine Wurzel. Ihr Fuß tut sehr weh und das Knie ist aufgeschürft. Aber sie humpelt tapfer weiter. Schließlich will sie den anderen nicht den Spaß verderben!
Sie erreichen die Bergspitze und blicken ins weite Tal.
Sie sehen bis zum Bodensee und staunen. Allmählich melden sich Hunger und Durst. Papa verkündet: „Kinder, gleich sind wir an der Oberen Mittelbergalp, da gibt es Sprudel für euch und ein köstliches Käsebrot!"
Die Kuhglocken läuten, der Kuckuck ruft , der Steinadler kreist und kreischt. So erreichen sie die Hütte – aber niemand ist da. Kein Sprudel, kein Käsebrot!
Pit und Polter haben Durst. Aber sie wissen sich zu helfen. Schnurstracks hüpfen sie in den Viehbrunnen. Das Wasser ist glasklar und eiskalt. Sie planschen und spritzen und trinken von dem köstlichen Wasser. Nun sind sie klatschnass.
Mama schimpft. So nass können sie nicht weiterwandern. Also steigen sie wieder hinab in das Tal. Dort beenden sie ihre Wanderung in der Eisdiele. Pit bekommt ein Bananasplit und Polter einen Tropic-Becher.

Gedankenspiel zur „Bergwanderung": Angenehme und unangenehme Gefühle

Auf der Wanderung sind angenehme und unangenehme Dinge passiert. Wir ordnen sie ein, z.B.:

ANGENEHM:	UNANGENEHM:
Blumenduft	Mama schimpft
Auf dem Berg oben ankommen	der Berg will kein Ende nehmen
sich auf Sprudel/Käsebrot freuen	Sprudel/Käsebrot nicht bekommen

C ÜBUNGSPHASE

Spiel: „Mir geht es gut, wenn ..." / „Ich hasse es, wenn ..."

Das nächste Spiel heißt: **„Mir geht es gut, wenn ..."**
Ein Kind erzählt, die Gruppe spielt.
Z.B.: „Mir geht es gut, wenn ich in der Badewanne liege."
Die Gruppe nimmt dabei jeden Vorschlag auf
und spielt die geschilderte Situation nach.
Nun kommt das Gegenteil.: **„Ich hasse es, wenn ..."**
Z.B.: „Ich hasse es, wenn meine Eltern streiten."
Auch hier spielt die Gruppe die geschilderte Situation nach.
Sie sollten dabei auch ins Lächerliche gezogene Aussagen ernst nehmen, denn oft können sich verletzte Kinderseelen nur so ausdrücken. Notieren Sie die Spielideen der Kinder gut leserlich auf Karteikarten. So können Sie diese für den weiteren Verlauf der Theaterproben als Spielkarten verwenden (Beispiele für Spielkarten siehe S. 41, 42).
Wählen Sie einige gut spielbare Situationen für die anschließenden Übungen in Kleingruppen aus.

Übungen in Kleingruppen: „Gute Fee – böse Fee"

Mitteilung: *„Jetzt können wir* **‚Gute Fee – böse Fee'** *spielen. Sucht euch zu zweit, zu dritt oder höchstens zu viert eine der gerade geschilderten Situationen aus."*
Erläutern Sie das Spiel anhand eines kindlichen Erfahrungsbeispiels, z.B. „Ich hasse es, wenn ich eine Sechs bekomme!":
„Spielt, wie der Lehrer die Proben austeilt, wie du dich schämst oder traurig bist oder wie du den Eltern deine schlechte Note beibringst.
In so einer unangenehmen Geschichte erscheint plötzlich die gute Fee.
Plötzlich bemerkst du, dass der Lehrer zwanzig Punkte übersehen hat!
Umgekehrt, wenn ihr eine angenehme Geschichte ausgesucht habt. Z.B. Ihr sitzt in der Eisdiele und genießt eure Eisbecher, da kommt die böse Fee: Papa findet plötzlich den Geldbeutel nicht mehr. Hat er ihn auf der Berghütte liegen lassen? – oder schwimmt in der guten Schokosoße eine Fliege und dir wird schlecht?"
Nach dieser Erklärung ziehen sich die Kleingruppen an ihre Spielorte zurück. Nur, wenn eine Gruppe überhaupt keine Spielidee entwickelt hat, darf sie sich aus den Spielkarten (d.h. den von Ihnen beschriebenen Karteikarten) eine aussuchen.

D AUSKLANG

Eine Fantasiereise

Die klitzekleinen Gefühlchen

(kann noch nach eigenen Vorstellungen ausgestaltet werden)

Suche dir einen guten Platz im Raum, ein Plätzchen
nahe bei guten Freunden, die dich nicht zwicken und zwacken,
die dich ungestört lassen für ein paar Minuten.
Wir suchen jetzt die klitzekleinen angenehmen
und unangenehmen Gefühle an und in uns selbst.
Sitze ganz still und schließe die Augen.
Rühre dich nicht! Atme tief ein und aus.
Wo möchtest du dich jetzt am liebsten kratzen?
Tut dir was weh?
Denke an deinen Kopf. Geht es ihm gut?
Den Augen, dem Mund, den Zähnen?
Denke an deinen Rücken. Ist er gebeugt oder gerade?
Verändere ihn nicht!
Denke an deinen Bauch. Wie ist er gerade?
Kannst du deine Beine spüren?
Kannst du am rechten Fuß die mittlere Zehe spüren?
Was spürst du alles an dir? Angenehmes – Unangenehmes?

– PAUSE –

Öffnet jetzt langsam die Augen.
Reckt und streckt eure Arme und Beine.
Atmet tief ein und aus.

– PAUSE –

In den nächsten Spielstunden wollen wir aus
angenehmen und unangenehmen Spielsituationen
ein Theaterstück zusammenbauen.
Wenn du Lust hast, kannst du über weitere angenehme
und unangenehme Erlebnisse nachdenken und
uns diese in den nächsten Stunden zum Spielen
vorschlagen!

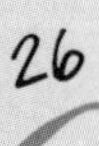

2. Spieleinheit:

Das Wendeblatt – Szenen im freien Spiel

Material

* **„Wendeblätter"** mit gegensätzlichen Begriffen (Beispiele siehe S. 43)

Entwicklungsschritte

In der **Eingangsrunde** sollen die Kinder die Zeitspanne von einigen Stunden überschauen und ihre Gefühlslage erkunden. Sie sollen sich an die Spielsituationen der letzen Theaterstunde erinnern und diese in der folgenden **Übungsphase** auffrischen. Beim **Gedankenspiel** überlegen sie, welche Begriffe und deren Gegensätze zu ihrer gespielten Situation passen. Sie finden eine passende Überschrift für ihre Geschichte. Anschließend soll die Kleingruppe spielend oder diskutierend eine **klare Struktur** für ihr Spiel auf den drei Ebenen Begriff – Handlung – Gefühl finden, d.h.: negative Situation – Wende – positive Situation. Die kreative Aufgabe, nochmals verschiedene Wenden zu erfinden, wird beim **Vorspiel** der Kleingruppen an die Großgruppe gestellt. Zum Schluss der Stunde erfolgt wieder der Bezug zum eigenen Leben in einer **Fantasiereise**. Auch hier soll der Weg vom Unangenehmen zum Angenehmen gegangen werden, in Körperhaltungen ausgedrückt und eine gesunde „Aggression" gefördert werden.

Durchführung

A | EINGANGSRUNDE

Gedankenspiel: Der Tag rückwärts

Wer hat im Laufe der letzten Woche etwas Angenehmes erlebt? Wer hat etwas Unangenehmes erlebt?

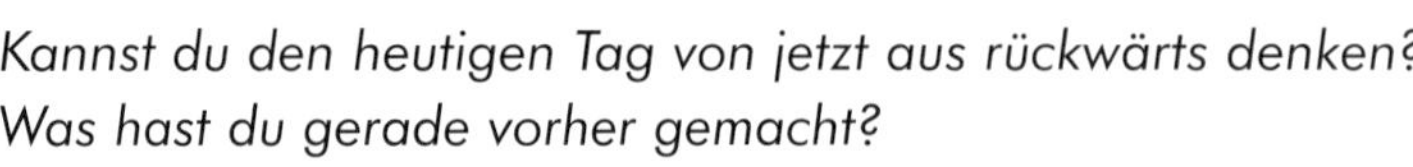

Kannst du den heutigen Tag von jetzt aus rückwärts denken?
Was hast du gerade vorher gemacht?
Und zuvor? Und zuvor?
Und was war heute bis jetzt das Angenehmste?
... das Unangenehmste?
Wer erinnert sich an eine Spielszene vom letzten Treffen?
Wer hat sich weitere Spiele ausgedacht?
☞ Einige Szenen verbalisieren.
Wer spielt uns eine Szene vor?
☞ Eine Kleingruppe spielt vor.

Auftrag:
Spielt eure Szenen von neulich noch einmal!
Wenn euch euer eigenes Spiel nicht gefallen hat, dann spielt eines von einer anderen Gruppe, das euch gefallen hat!
Legt euch nicht fest, tauscht auch die Rollen!

B ÜBUNGSPHASE

Freies Spiel in Kleingruppen

Im freien Spiel erinnern sich die Kleingruppen an die Spielszenen der letzten Spieleinheit, greifen sie erneut auf und probieren dann neue Szenen aus. Als Erinnerungsstütze können Sie die Spielkarten mit den notierten Szenen bereitlegen.

Aufgaben des Spielleiters während des Spiels:
Beim Besuch der Kleingruppen diesmal auf Rollenwechsel bestehen. Oft gibt es in den Gruppen ein starkes hierarchisches Gefälle, das nach einigen Spielversuchen die Kinder einengt. Mit dem Auftrag, die Rollen zu wechseln, wird die Gruppe verunsichert und offen für Neues.

Gedankenspiel im Erzählkreis

„Wendeblätter" (Beispiele siehe S. 43) werden im Kreis ausgelegt. Auf der Vorderseite steht ein negativer Begriff (z.B. Feindschaft), auf der Rückseite der gegenteilige positive Begriff (z.B. Freundschaft).

Die Begriffe sollten zu den bisherigen Spielideen der Kinder passen. Die Kleingruppen erzählen ihre Szenen, geben ihnen Überschriften und überlegen gemeinsam mit den anderen, welches Begriffspaar der Wendeblätter zu ihrer Geschichte passt. (Beispiel: Die Szene von der Klassenarbeit und vom Abschreiben passt zu dem Begriffspaar „Lüge – Wahrheit", siehe S. 37).
So erhält jede Spielgruppe ein passendes „Wendeblatt".

Auftrag:

Überlegt jetzt, wie die negative Seite eurer Geschichte aussieht und wie die positive.
Denkt nach, wie sich eure negative Geschichte zum Guten wenden könnte.
Spielt mehrere Vorschläge durch!
Wenn ihr nach fünf Minuten noch keine Vorschläge habt, dann spielt einfach drauflos!

Arbeit in Kleingruppen

Die Kleingruppen beraten jetzt, wie sich ihre Geschichte wenden könnte. Dann spielen sie zunächst ihre negative Szene. Nach einem Zeichen eines Mitspielers (z.B. Glockenspiel, Triangel) und dem Umdrehen des „Wendeblattes" folgt die „Wende", d.h. die Spieler verwandeln die negative Szene in eine positive Situation.

C ZUSAMMENFASSUNG

Vorspielen der erarbeiteten Szenen

Diesmal spielen alle Gruppen ihre erarbeiteten Szenen im Kreis vor. In einer zweiten Spielrunde spielen die Gruppen nur bis zur Wende, andere Kinder übernehmen durch Abklatschen ihre Rollen und spielen die Szene zu Ende. (Was hier als kleine Zusammenfassung dargestellt wird, kann, wenn zeitlich möglich, zu einer ganzen Doppelstunde werden!)

D AUSKLANG

Eine Fantasiereise

Schritt für Schritt vorausträumen
(kann noch nach eigenen Vorstellungen ausgestaltet werden)

Auch zum Stundenschluss wollen wir den Weg vom Unangenehmen zum Angenehmen gehen. Suche dir einen Platz im Raum und stelle dich hin. Lasse deine Zehenspitzen leicht nach innen zeigen, lasse die Knie locker gebeugt und senke den Kopf schief auf die Brust. Ziehe die Schultern vorne zusammen, mache deinen Rücken rund, presse die Zähne aufeinander und runzle die Stirn! Bleibe so und denke an alle unangenehmen Dinge, die du heute noch erledigen musst. **– PAUSE –** *Glücklicherweise kommt Prinz RoRiRasso gelaufen und lacht dich an: „Na, Sorgen?" Du nickst. „Dann folge mir nach!" ruft RoRiRasso. Er stellt seine Füße gerade, du machst es nach, er setzt den Kopf gerade auf, du auch, er lässt die Schultern locker an den Seiten baumeln, du auch, er richtet den Rücken auf, wie du, er lockert seine Kiefer wie du, glättet die Stirn wie du und dann fliegt er mit dir los, genau dahin, wo du deine unangenehmen Aufgaben zu erfüllen hast und er erledigt alles für dich. Schaue zu, wie RoRiRasso der Reihe nach und Schritt für Schritt das alles erledigt!* **– PAUSE (Gehen Sie umher und berühren Sie wortlos verspannte Körperstellen mit der flachen Hand. Kindern, die Berührung scheuen, flüstern Sie die Körperstelle ins Ohr oder zeigen die Stelle an Ihrem eigenen Körper und machen vor, wie sie ausgeschüttelt wird.) –** *Nun seid ihr fertig. Du räkelst dich und freust dich und winkst RoRiRasso nach, denn er fliegt davon: „Mach's gut!" Jetzt siehst du dich selbst hier im Raum, wie du deinen Stuhl wegräumst, wie du „Auf Wiedersehen" sagst zu uns und den Bus ohne Hetze erreichst. Du siehst dich, wie du eine Hausaufgabe nach der anderen machst, wie du deine Schulsachen sauber einräumst und den Eltern hilfst und merkst: Hoppla, das war gar nicht so schwer. So leicht wie RoRiRasso kannst du jetzt deine unangenehmen Dinge erledigen! Tu jetzt in Wirklichkeit, was du mit RoRiRasso vorausgedacht hast! Ich wünsche dir einen schönen, erfolgreichen Nachmittag! Auf Wiedersehen!*

Vom Spielen zum Vorspielen – die Struktur des Stückes

Material

- „Möbel“ und Requisiten für die einzelnen Szenen (siehe z.B. S. 44–49)
- Spielkarten mit den Szenen, die von den Kindern bislang bevorzugt gespielt wurden (Beispiele siehe S. 41, 42)
- CD- Player
- festliche Weihnachtsmusik bzw. Orff, „Marsch der Drei Könige“
- drei Kronen aus Wellpappe, drei Umhänge (Tücher), eine schwarze, lockere Strumpfmaske für den schwarzen König
- die Wendeblätter, bzw. nun Wendesterne passend zu den Szenen, welche die Kinder letztes Mal bevorzugt gespielt haben. Diese können Sie bzw. die Kinder, als goldene Sterne ausgeschnitten, auf ein goldenes Kissen legen (eine Schachtel tut es notfalls auch)
- Laterne oder Kerze (stand- und tropfsicher), Räucherstäbchen, Zündhölzer

Entwicklungsschritte

Bisher standen die Szenen unverbunden nebeneinander. Heute werden als **verbindendes Element** die Rollen der **Hl. Drei Könige** eingeführt. Jede Spielgruppe hat sich bisher selbstständig einen Spielort und die Requisiten gesucht – heute wird ihnen ein Platz im großen Halbkreis zugewiesen. Bisher haben sie frei ihre Szene gespielt – diesmal bekommen sie ihre Szene von Ihnen schriftlich als Spielkarte.
Aus dem einfachen „Wendeblatt“ wird nun der „Wendestern“, der sich mit den anderen Sternen nach und nach zum Weihnachtsstern verbindet. Die Stunde beginnt mit einer **Übung zur Selbstwahrnehmung** („Versteinert – frei“). Dann wird die **Struktur des Stückes** im Raum sichtbar gemacht (Halbkreis, Requisiten) und die eigene Szene vorausgedacht (mit Hilfe der Spielkarten).

Durch den **Überraschungseffekt** mit den Königen entsteht eine feierliche Vorspielatmosphäre: **aus dem Rollenspiel wird Theaterspiel**, das allerdings von Ihnen noch nicht streng korrigiert wird. Bei der anschließenden **Zusammenfassung** werden durch das **Verbalisieren** wieder die Ebenen Handlung – Gefühl – Verstand verbunden. Dabei besteht die Gefahr, dass der Schluss des Theaterstückes, der hier formuliert wird, zu äußerlichen moraltriefenden Beispielsätzen verkommt. Alle Sätze sollen daher zunächst gelten – gegen Schluss der Probenarbeit wird dann sortiert! Zum **Ausklang** soll durch das Malen mit leuchtenden Farben die feierliche Stimmung erhalten und vertieft werden.

Durchführung

Einführung der Hl. Drei Könige

Nehmen Sie zu Beginn der Stunde die ersten drei Kinder, die zu den Proben kommen, in einen Raum mit, der sonst nicht als Proberaum zur Verfügung steht. Dort instruieren Sie die Kinder, dass sie heute als Überraschung für die Gruppe die Hl. Drei Könige spielen. Sie sollen sich entsprechend verkleiden. Jeder König bekommt etwas in die Hand: Der erste trägt ein Licht, der zweite das Kissen mit den Wendesternen und der dritte ein Räucherstäbchen (statt der Königsgeschenke Gold, Weihrauch und Myrrhe). Die Aufgabe der Hl. Drei Könige ist folgende: Die Spielgruppen sind im Halbkreis im Raum verteilt. Bei Musikbeginn sollen die Könige feierlich zur ersten Szene einziehen. Beim Vorspiel der ersten, negativen Szene schauen sie stumm zu, dann unterbrechen sie die Situation und fragen nach dem Weihnachtsstern. Sie schenken den Spielern den zur Situation passenden Wendestern und schauen anschließend stumm dabei zu, wie die negative Szene von den Spielern in eine positive verwandelt wird. Dann ziehen sie mit den Darstellern der Kleingruppe zur nächsten Gruppe bzw. Szene weiter. So wird der Drei-Königs-Zug immer länger.

> **Tipp** Den „Marsch der Drei Könige" von Orff als Untermalung finden Sie z.B. als ein Stück der „Weihnachtsgeschichte", von Orff gesungen vom Tölzer Knabenchor.

Allerdings sollten Sie den heutigen Spielern der „Drei Könige" klarmachen, dass sie diese Rolle nicht für die restlichen Theaterproben behalten, sondern nur heute als Überraschung für die anderen diese Rolle spielen.

Bewegungsspiel: „Versteinert – frei"

Auftrag: *Ihr geht zur Musik durcheinander durch den Raum. Beim Musik-Stopp bleibt ihr wie versteinert stehen. Während ihr starr seid, beobachtet ihr euch selbst ganz genau: „Jetzt kribbelt es, jetzt will ich am liebsten weglaufen, jetzt bin ich ärgerlich, dass ich so starr bin …" Dann träumt ihr davon, wie ihr laufen und euch bewegen könnt. Ihr dürft euch aber erst bewegen, wenn ich euch mit dem Wendestern berühre. Wer das Starrsein gar nicht mehr aushält, macht als Zeichen dafür seine Augen zu! Dann komme ich möglichst bald zu euch.*

Wenn alle erlöst sind, bekommt ein Spieler den Wendestern, ein anderer bedient den CD-Player, Sie können mitspielen.

Positiv – Negativ: Der Wendestern

Die Kleingruppen stellen sich nun im großen Halbkreis auf. Vor den Kindern liegen auf einem Tisch die jeweiligen Spielkarten, auf denen ihre Szene erzählt werden. Wenn alle spielbereit sind, kommt die Überraschung: Die Heiligen Drei Könige ziehen mit feierlicher Musik ein. Je nach Geschick stellen sie sich vor oder werden von Ihnen vorgestellt. Der Spielablauf wird nun allen erklärt. Dann ziehen die Hl. Drei Könige zur ersten Spielgruppe und bleiben hinter ihr stehen. Die Spielgruppe spielt den negativen Teil ihrer Szene. Die Hl. Drei Könige unterbrechen das Spiel und fragen, ob die Gruppe den Weihnachtsstern gesehen hat. Die Spieler verneinen. Die Hl. Drei Könige bedanken sich trotzdem und geben ihnen einen zur Szene passenden Wendestern.

Die Spieler nehmen den Stern, benennen ihre Situation mit dem passenden Begriff (z.B. Feindschaft), wenden den Stern und lesen den positiven Begriff (z.B. Freundschaft) vor. Jetzt spielen sie die positiven Wende ihrer Szene. Anschließend hängen sie ihren Wendestern an die Bühnenrückwand (z.B. Aulawand, mit schwarzem Tuch behängt) und ziehen mit den Hl. Drei Königen zur nächsten Kleingruppe. Aus den Wendesternen wird nach und nach der Weihnachtsstern wie ein Puzzle zusammengefügt (siehe S. 38).
Das Ende des Stückes: Wenn alle Kleingruppen gespielt haben, entdeckt der letzte Spieler den Weihnachtsstern, der aus den Einzelsternen entstanden ist.

Gedankenspiel im Sitzkreis

Der Weihnachtsstern ist aus den Wendesternen zusammengefügt.
Denkt an euren Wendestern und vollendet diesen Satz: „Weihnachten ist, wenn ...“
(Z.B: „... Falschheit zu Ehrlichkeit werden kann“, siehe die Klassenarbeit-Szene auf S. 44, 45.) Schreiben Sie die Sätze der Kinder auf und suchen Sie anschließend gemeinsam mit ihnen einige Sätze heraus, mit denen das Weihnachtsstück enden soll. Anschließend werden die Sätze noch einmal ganz bewusst, langsam und deutlich wiederholt.

Der Weihnachtsstern

(Text und Noten siehe S. 35)

Dekoration des Übungsraums

Zu festlicher Weihnachtsmusik können Sie mit den Kindern z.B. mit Fensterfarben Sterne für den Übungsraum malen.

Der Weihnachtsstern

Text und Melodie:
Monika Kohler

Hel – ler Stern, Weih – nachts – stern

1. wo bist du zu se – hen ?

2. wo – hin soll ich ge – hen ?

Heller Stern, Weihnachtsstern,
leuchtet überm Stalle;
heller Stern, Weihnachtsstern,
leuchtet für uns alle.

4. & folgende Spieleinheiten:

Probenarbeit

In den folgenden Probenarbeiten (über mehrere Doppelstunden hinweg) werden nun in Gruppenproben die einzelnen Szenen des erarbeiteten Theaterstückes, sowie in Gesamtproben das ganze Theaterstück im Ablauf gespielt.

Dabei sollten Sie bei Beginn der Proben folgende Punkte beachten:

- gemeinsames **Auswählen der Szenen,** die gespielt werden sollen
- gemeinsames **Festlegen der Spielgruppen** und **Rollen** (wer spielt die einzelnen Szenen, wer die Hl. Drei Könige ? etc.)
- die **Texte der Szenen** können nun entweder (je nach Alter und Fähigkeit) von den Kindern weiterhin auswendig erarbeitet werden oder von ihnen stichpunktartig auf „Spickzetteln" festgehalten werden. Sie können natürlich auch als Gedächtnisstütze für die Kinder noch einmal auf die Spielkarten zurückgreifen und jede ausgesuchte Szene in kurzen Worten aufschreiben.
- zusätzlich sollten die Kinder eine **Szenenvorlage** (Beispiel siehe S. 36) bekommen, an der sie sich während der Proben orientieren können.
- auf dieser Szenenvorlage können Sie auch einen **Bühnenplan** skizzieren (Beispiel siehe S. 37), der den Kinder zeigt, wo sie beim Theaterstück stehen.
- passende **Wendesterne** mit den jeweiligen Begriffspaaren zu den ausgewählten Szenen bereitlegen
- des Weiteren sollten Sie nun gemeinsam mit den Kindern überlegen, welche **Kostüme**, **Requisiten** und evtl. **Bühnenbild** für das Theaterstück benötigt werden und mit einfachen Mitteln zu realisieren sind. Hier ist es sinnvoll, wenn Eltern beim Basteln bzw. Nähen der Kostüme, Requisiten und evtl. eines Bühnenbilds behilflich sind.

Weitere Tipps und Ratschläge zum Thema Probenarbeit finden Sie im Kapitel „Vom Spielen zum Vorspielen" S. 7–17.

Beispiel für eine **Szenenvorlage** zu: „Wir suchen den Weihnachtsstern"

Vorspann

Die Drei Könige treffen sich. Sie kommen aus verschiedenen Richtungen. Alle drei suchen den Weihnachtsstern, der sie zum neugeborenen Heiland führen soll. Sie beschließen, gemeinsam zu suchen.

Hauptteil

1. Szene: z.B. *Die Klassenarbeit – Lüge und Wahrheit*
2. Szene: z.B. *Küchendienst – Streit und Frieden*
3. Szene: z.B. *Die Außenseiterin – Spott und Achtung*

Schluss

Beispiel:

Die „Außenseiterin" entdeckt den Weihnachtsstern.

„Weihnachten ist, wenn …"

„… ich ehrlich zeigen darf, was ich kann und wie ich bin."

„… wir aus unserem Streit herausfinden und miteinander einverstanden sind."

„… wir die anderen achten, wie sie sind."

„Dann leuchtet der Weihnachtsstern und führt uns zum Christkind."

Lied „Der Weihnachtsstern"

Beispiel für einen **Bühnenstellplan**

Der Zug mit den Heiligen Drei Königen führt hinter der jeweiligen Szene vorbei und zum Schluss wieder zum Treffpunkt.

schwarz abgehängte Rückwand mit „Weihnachtsstern"

2. Szene

3. Szene

Schwarzlicht-Lampe

1. Szene

Treffpunkt der Drei Könige

Podest oder gleiche Ebene wie die Zuschauer

Bastelanleitung für die **Bühnenrückwand**

(Wenn keine Bühnenrückwand zur Verfügung steht, können Sie statt dessen auch eine Stellwand o.Ä. benutzen)

Die Bühnenrückwand bzw. Stellwand o.Ä. wird mit einem schwarzen Tuch verhängt. Dann wird ein Kometenschweif (siehe Zeichnung unten) aus schwarzem Tonpapier ausgeschnitten und mit Schwarzlicht-Leuchtfarbe bestrichen.
Dort, wo später auf dem Kometen die Wendesterne befestigt werden, sollten jeweils schwarze Klettpunkte o.Ä. aufgeklebt werden.
Auch die Wendesterne sollten, obwohl sie farbig sind, mit Schwarzlichtfarbe umzeichnet und ebenfalls auf der Rückseite mit einem Klettpunkt versehen werden.
In der Schlussszene wird dann der Komet von einer Schwarzlichtlampe angestrahlt und leuchtet feierlich.

Bastel-Beispiel für den **Kometen**

Die Wendesterne werden zunächst als Einzelsterne wahrgenommen, bis das Schwarzlicht angeht.

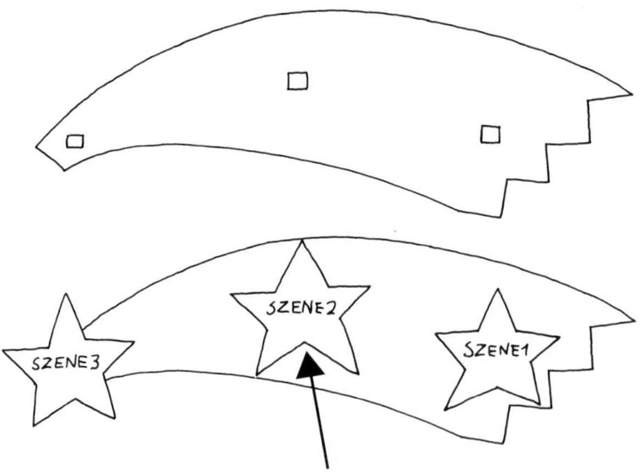

Auf der Rückseite der Wendesterne sind ebenfalls Klettpunkte angebracht.

Idee zur Auflockerung des Stückes:

Das Kamel als lustige Figur

Damit das Theaterstück nicht zu ernsthaft wird, bietet es sich an, eine zusätzliche Figur in das Stück zu nehmen, die das Geschehen auflockert. Diese Figur kann pantomimisch aber auch kommentierend in das Stück eingreifen und als „dummer August" die Zuschauer unterhalten.
In diesem Fall kann dieser sogenannte „dumme August" ein „dummes Kamel" sein, da es gut zum Zug der Hl. Drei Könige passt.

Folgende Punkte müssen bei der Rolle des Kamels beachtet bzw. eingeübt werden:

- Das Kamel wird von zwei Kindern dargestellt, die sich erst einmal aufeinander einspielen müssen.
- Die Kinder sollten zunächst einmal den Passgang, das heißt die besondere Schrittbewegung des Kamels, in verschiedenen Gangarten und Geschwindigkeiten üben.
- Dann sollten die verschiedenen Bewegungen mit dem ganzen Kostüm (Vorschlag siehe S. 40) geübt werden.
- Die Mimik des Kamels kann durch Lippenbewegungen verändert werden. Durch das Ziehen an den Fäden, die an den Lippen befestigt sind, können deren Stellung und Bewegung variiert werden.
- Wenn die Kinder in ihrer Rolle als Kamel sicher sind, sollten sie in die Theaterproben mit einbezogen werden. Dabei können sie an passenden Stellen pantomimisch bzw. kommentierend in das Stück eingreifen.

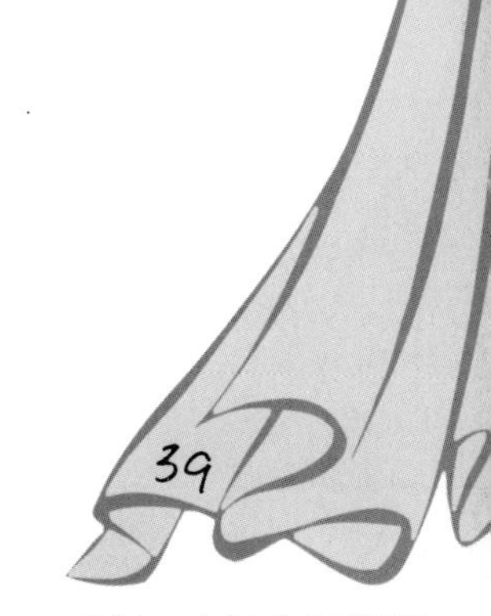

Kostümvorschlag Kamel

Kopf: ausgestopfter, großer **Socken** auf einem **halben Besenstiel**

Lippen: aus **Schwamm** zuschneiden. **Perlonfaden** an Unterlippe

Augen: **zwei Styroporeier** beklebt mit **schwarzen Punkten** und **Wimpern**

Körper: **Leichter brauner Futterstoff** oder **alte Decke** mit Sehschlitzen

Höcker: Die Köpfe der Kinder

Spielkarten Beispiele (1)

LÜGE – WAHRHEIT
Susi und Bianca schreiben eine Mathearbeit. Susi kennt sich überhaupt nicht aus. Sie schaut bei Bianca ab. Die Lehrerin kommt vorbei und sieht, dass beide den gleichen Fehler haben. Sie stellt die beiden zur Rede.
Wende: Susi gibt zu, dass sie die Rechnungen nicht kann. Die Lehrerin gibt Susi eine Sechs, erlaubt ihr aber, dass sie die Mathearbeit am nächsten Tag wiederholen darf. Beide Noten zählen dann gemeinsam. Bianca bietet Susi an, dass sie gemeinsam die Aufgaben üben.

TRAUER – TROST
Tom sitzt abseits, starr, mit den Händen vor dem Gesicht. Die anderen tuscheln. Einer weiß besser als der andere, warum Tom so traurig ist. Sein Hund sei unter das Auto gekommen, er müsse umziehen in eine große Stadt, wo er niemanden kennt, seine Eltern ließen sich scheiden, er sei bodenlos schlecht in der Schule, jemand hat ihm seine Büchereibücher zerfetzt …
Wende: Die „anderen" gehen zu Tom. Einer streichelt ihm die Hände, einer nimmt ihn bei den Schultern. Sie fragen, was ihm fehlt und ob sie ihm helfen können. Nach einer Weile schaut Tom auf und bedankt sich bei den Freunden. Zu ändern ist nichts, aber er ist froh, dass er nicht alleine ist.

PECH – GLÜCK
Papa kommt bedrückt heim. Seine Firma ist pleite. Der Lohn wurde schon drei Monate nicht mehr gezahlt. Wo soll er wieder eine neue Arbeit finden? Robin wünscht sich eine Ritterburg zu Weihnachten und Agnes ein Meerschweinchen. Aber es ist kein Geld da.
Wende: Die Eltern basteln mit den Kindern eine alte Ritterburg aus alten Pappkartons. Schon lange nicht mehr hat die Familie so schön Zeit füreinander gehabt. „Wir haben zwar großes Pech, aber wir haben auch Glück, weil wir so gut zusammenhalten."

Spielkarten Beispiele (2)

STREIT – FRIEDEN
Claudia und Harald streiten, wer abspülen muss.
Die Mutter kommt dazu und schimpft mit beiden. Der Vater kommt dazu und schimpft ebenfalls. Die Eltern schimpfen miteinander.
Wende: Wir wären schon längst fertig, wenn wir uns gegenseitig geholfen hätten. Keiner soll von dem anderen ausgenutzt werden und ihn bedienen müssen. Die Familie stellt gemeinsam einen genauen Wochenplan für den Küchendienst auf und ein Sparschwein für die, die sich nicht daran halten.

INTOLERANZ – TOLERANZ
Ein türkischer Vater will seiner kleinen Tochter im Laden ein Schreibheft für die erste Klasse kaufen. Er tut sich sehr schwer zu erklären, was er will. Die Verkäuferin sagt einfach, dass sie keine Hefte im Geschäft haben. Die anderen Kunden drängeln und finden unverschämt, dass der Mann so lange zum Erklären braucht.
Wende: Eine Kundin ist dem Mann behilflich. Sie hat auch ein Kind in der ersten Klasse und weiß, was er braucht. Sie bittet auch die anderen Kunden um Geduld, denn wie ginge es wohl ihnen in einem fremden Land mit einer fremden Sprache.

SPOTT – ACHTUNG
Eine Gruppe Kinder spielt gemeinsam, Lena schaut zu.
Die Kinder lästern über Lena. Diese würde so gerne mitspielen, aber sie hat Angst, weil die anderen Kinder sie auslachen.
Wende: Die Kinder gehen auf Lena zu und fragen sie, warum sie beim Spielen immer abseits sitzt. Lena gesteht, dass sie schüchtern ist und sich nicht getraut auf die Kinder zuzugehen. Die Kinder sind erstaunt, weil sie immer dachten, dass Lena nur eingebildet ist. Sie laden sie ein mitzuspielen und lassen sie entscheiden, was als Nächstes gespielt wird.

Wendekarten Beispiele

Trauer	Trost
Pech	Glück
Leid	Freude
Versagen	Können
Einsamkeit	Gemeinsamkeit
Schwäche	Energie
Härte	Güte
Armut	Reichtum
Falschheit	Ehrlichkeit
Neid	Anerkennung
Schmerz	Wohlbefinden
Spott	Achtung

Falzkante

Streit	Frieden
Lüge	Wahrheit
Liebe	Hass
Verlieren	Gewinnen
Aufgeben	Weitermachen
Unfreundlichkeit	Freundlichkeit
Gleichgültigkeit	Interesse
Feindschaft	Freundschaft
Misstrauen	Vertrauen
Grausamkeit	Zärtlichkeit
Verzweiflung	Hoffnung
Krankheit	Gesundheit

Falzkante

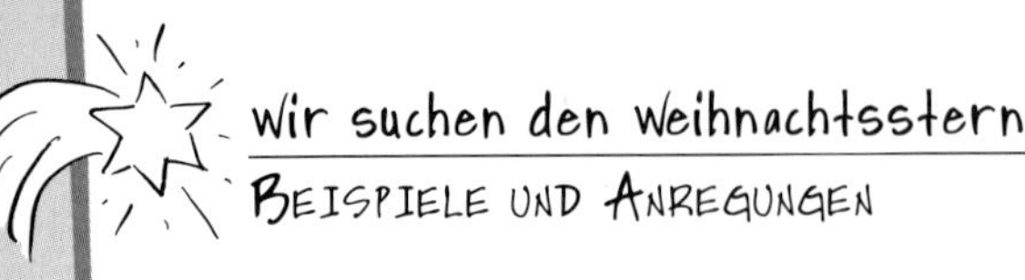

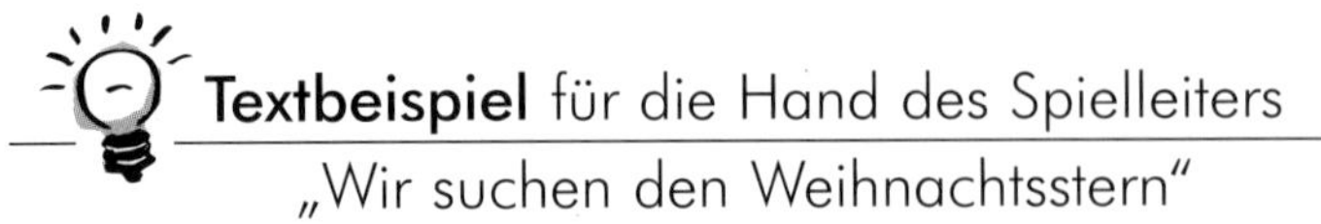

Textbeispiel für die Hand des Spielleiters „Wir suchen den Weihnachtsstern"

Vorspann:
Die Könige Kaspar und Balthasar tappen unsicheren Schrittes über die Bühne, weil sie mit ihren Ferngläsern im Gehen den Himmel absuchen. Melchior hat sein Kamel an der Leine. Es schleppt ihn immer geradeaus über die Bühne und zurück. Auch er ist nur am Himmel interessiert. Auf der Bühnenmitte stoßen alle drei rückwärts zusammen und erschrecken. Sie entschuldigen sich verlegen, rücken ihre Kronen zurecht und stellen sich gegenseitig vor.

Lied: „Der Weihnachtsstern" (siehe S. 35)

1.Szene:
Zwei Kinder sitzen, Gesichter zum Publikum, auf einer Schülerbank, zwischen sich ein Buch. Beide haben einen Stift in der Hand und schauen auf ihr Blatt. Die Lehrerin steht hinter ihnen. Sobald die Könige und das Kamel hinter der Gruppe im sogenannten Freeze (Erstarrung in der Bewegung) stehen, erwacht die Szene zum Leben: Susi kaut auf ihrem Stift herum. Sie schaut heimlich zur Nachbarin. Dann schreibt sie. Die Nachbarin schreibt eifrig ohne aufzuschauen. Die Lehrerin umkreist die Szene. Plötzlich bleibt sie hinter den beiden Kindern stehen.

Lehrerin: *Oha!* (Susi zuckt zusammen)
Oha, oha! Bianca! Was sehe ich da!
(Bianca hört auf zu schreiben und schaut ratlos zur Lehrerin auf.)
Bianca! Du hast den gleichen Fehler wie Susi! Woher kommt das?
Bianca: *Ich weiß nicht. Habe ich einen Fehler gemacht?*
Lehrerin: *Bianca, sei ehrlich! Du hast zwei Fehler gemacht!*
Bianca: *Wo ist der zweite Fehler?*

Lehrerin: *Du hast abgeschrieben und …!*
Du hast auch noch den Fehler abgeschrieben!
Du bekommst eine Sechs!
(zu Susi) *Susi, lege dein Heft so hin, dass Bianca nicht abschreiben kannst, sonst bekommst du nächstes Mal auch eine Sechs!*

Kaspar: *Wir suchen den Weihnachtsstern, Frau Lehrerin.*
Können Sie uns sagen, wohin der Weg führt?
(Balthasar überreicht den Wendestern mit dem Begriffspaar „Lüge – Wahrheit".)

Lehrerin: *Der Weihnachtsstern? Nein, das weiß ich nicht.*
(Die Lehrerin schaut auf den Wendestern und liest das Begriffspaar vor, das darauf steht.)
„Wahrheit – Lüge".
Ich kenne mich nicht mehr aus.
(Die Lehrerin lässt auch die Kinder auf den Wendestern schauen.)

Susi: *Frau Huber,* **ich** *habe abgeschrieben, nicht Bianca.*
Ich kann die Rechnungen nicht, ich kapiere sie einfach nicht! (Susi weint.)

Lehrerin: *Dann muss ich dir eine Sechs geben!*

Bianca: *Danke, Susi, dass du die Wahrheit gesagt hast!*
Sonst hätte ich eine Sechs bekommen!
Wir kann ich dir nur helfen?

Susi: *Kannst du mir die Rechnungen erklären?*

Bianca: *Ich erkläre sie dir, bis du sie richtig gut verstehst.*
(zur Lehrerin) *Bitte, Frau Huber, lassen sie Susi morgen die Mathearbeit wiederholen!*

Lehrerin: *Strafe muss sein!*
Du bekommst die Sechs, Susi, aber morgen darfst du die Arbeit noch einmal schreiben und ich zähle dann beide Noten zusammen und teile sie wieder.

Susi: *Danke, Frau Huber! Danke Bianca!*

Die beiden Kinder heften gemeinsam den Wendestern auf den Kometen auf der Bühnenrückwand (siehe Bastelanleitung S. 38). Anschließend schließen sie sich dem Zug der Könige an und ziehen mit zur 2. Szene.

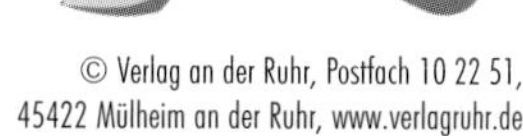

2. Szene:
Tisch mit Geschirr, Stuhl mit Staubtuch und zwei Geschirrtüchern über der Lehne, Kästchen oder großer Karton als „Schrank", in den alles eingeräumt wird.
Harald und Claudia schauen sich böse an.

Harald: *Du bist dran mit Abtrocknen!*
Claudia: *Nein du!*
Harald: *Stimmt nicht, ich war gestern dran!*
Claudia: *Du hast mittags die paar Tassen abgetrocknet,*
aber ich habe abends das ganze Geschirr aufgeräumt!
Harald: *Sehe ich gar nicht ein, dass ich deine Arbeit machen soll!*
Claudia: *Du machst das jetzt, sonst kriegst du eine geschmiert!*
Harald: (schreit) *Mama! Mama!*
Mutter: *Hört sofort auf zu streiten!*
Harald: *Die will mich schlagen!*
Claudia: *Weil er nicht abtrocknen will!*
Mutter: *Seid doch vernünftig!*
Claudia: *Immer soll ich alles machen!*
Mutter: *Du bist doch die Ältere!*
Claudia: *Und dem Quälgeist lässt du alles durchgehen!*
Mutter: *Dann mach ich eben alles alleine!*
Immer dieses Gestreite!
Und ich bin wieder die Dienstmagd für alle!
Vater: *Was ist denn hier los!*
Harald: *Claudia hat …*
Claudia: *Harald hat …*
Mutter: *Die Kinder haben …*
Vater: *Halt! Ihr redet alle durcheinander!*
Cornelia, du lässt den Kindern alles durchgehen!
Du bist selber schuld, wenn sie mal nichts werden!
Weil du immer zu weich bist!
Mutter: *Das wird ja immer besser!*
Jetzt bin ich schuld!
Was fällt dir eigentlich ein!
Schließlich sind das auch deine Kinder!
Statt dass du mir hilfst, fällst du über mich her!
Sucht euch doch einen anderen Trottel!
Ich mach da nicht mehr mit!

Vater: *Ich auch nicht! Jeden Tag der gleiche Stress! Ich will schon gar nicht mehr heimkommen! Immer diese schlechte Laune, das Gestreite, das Geschubse!*

Kaspar: *Liebe Leute, wisst ihr, wo wir den Weihnachtsstern finden?*
(Die Familie bekommt einen Wendestern mit den passenden Begriffen „Streit – Frieden".)

Vater und Mutter: *Nein, leider nein!*

Kinder: *Wenn wir das wüssten, dann müssten wir nicht so streiten.*

Vater: *Dann würde ich mich jeden Tag nach der Arbeit auf zu Hause freuen.*

Mutter: *… dann müsste ich nicht immer alles ausbaden.*

Harald: *… dann würde ich einfach die paar Teller abtrocknen und nicht lange nachdenken, wer was tun muss.*

Claudia: *… dann würde ich Harald helfen und die Eltern müssten nicht streiten wegen uns.*

Harald: *Ich fange an!*

Claudia: *Ich mache mit!*

Vater: *Wir helfen zusammen!*

Mutter: *Jeder tut, was er kann!*

Sie räumen in Windeseile auf und die Geschwister hängen den Wendestern an der Bühnenrückwand auf. Dann folgen sie dem Dreikönigszug zur Szene 3.

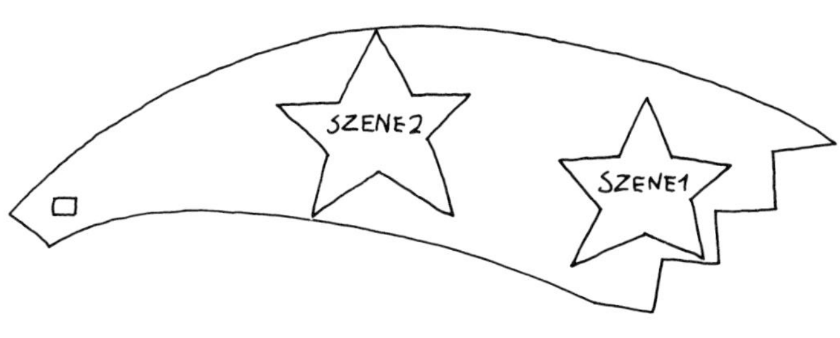

3. Szene:
Einige Kinder haben sich an den Schultern gefasst und marschieren nebeneinander her:

Kinder: *Und eins, und zwei, und drei, und vier,*
ein Hut, ein Stock, ein himmelblauer Unterrock
und vorwärts, rückwärts, seitwärts, an!
Und eins …
(Die Kinder halten inne und schauen auf Lena, die abseits auf einem Stuhl hockt und zur Gruppe schaut.)

Kind 1: *Schaut mal diese blöde Kuh an,*
wie blöd die schaut!

Kind 2: *Jetzt tut sie, als ob sie uns nicht sehen würde,*
die falsche Ziege!

Kind 3: *Jetzt guckt sie wieder!*
So ein doofes Kamel!

Melchior: *Ihr Kinder, wir suchen den Weihnachtsstern.*
Wisst ihr, wo er steht?

Kinder: *Wir wissen es nicht.*

Balthasar: *Trotzdem vielen Dank!*

Caspar: *Nehmt diesen Stern als Zeichen!*

Kind 1: *Da steht „Spott" darauf.*

Kind 2: *Was soll das?*

Kind 3: *Ich glaube, wir haben gerade ein bisschen*
dumm und doof daher geredet!
(Lena kommt auf die Gruppe zu.)

Kind 1: *Lena, warum schaust du denn immer so,*
ja halt so, zu uns?

Lena: *Ich würde so gerne mitspielen und …*

Kind 2: *Und was?*

Lena: *Ich traue mich nicht zu fragen, weil …*

Kind 3: *Was, weil …?*

Lena: *Ihr lacht mich vielleicht aus.*

Kind 1: *Ach so! Und ich habe gedacht..*

Lena: *Was hast du denn gedacht?*

Kind 1: *… dass du uns blöd findest.*

Kind 2: *Und dass du wegschaust,*
weil du eingebildet bist.

Kind 3: *Und dass du uns auslachst …?*
Lena: *Nein, nein, ich wollte doch nur mitspielen!*
Kinder: *Na, dann komm!*
Und eins, und zwei …

Sie marschieren zur Rückwand.
Der Wendestern wird zu den anderen gefügt.
Die Schwarzlichtlampe wird angestellt
und ein schöner Komet ist zu sehen
(siehe Bastelanleitung S. 38)

Lena: *Schaut mal, da ist der Weihnachtsstern!*

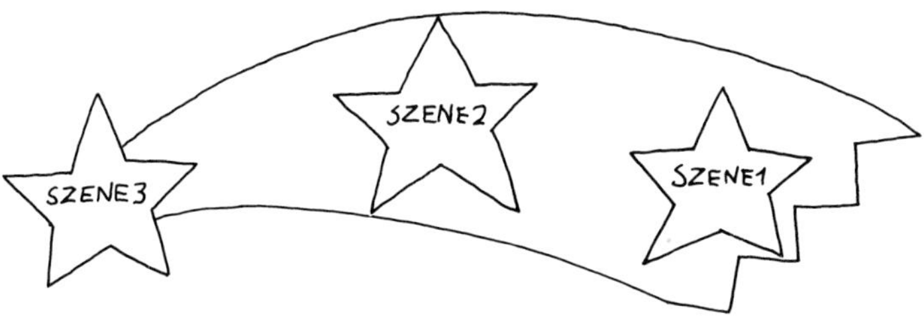

Schluss:
Alle Mitspieler formieren sich als Drei-Königs-Zug unter dem Schweifstern.

Susi: *Weihnachten ist, wenn …*
… ich ehrlich zeigen darf, was ich kann
und wie ich bin.
Vater: *… wir aus unserem Streit herausfinden*
und miteinander einverstanden sind.
Lena: *… wenn wir einander nicht verspotten,*
sondern verstehen.
Alle zusammen: *Dann leuchtet der Weihnachtsstern*
und führt uns zur Krippe.

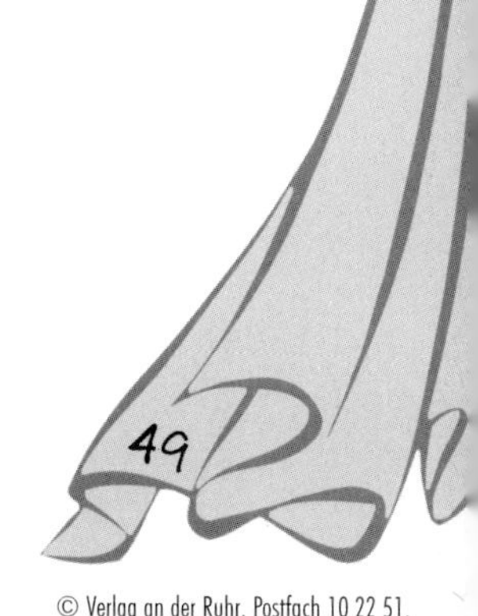

2.
Theater-
stück

Das Puppen-schaufenster

Voraussetzungen

✓ **Alter:** zwischen 8 und 12 Jahren
✓ **ideale Spieleranzahl:** zwischen 6 Spielern bis zu einer ganzen Gruppe von 20–30 Kindern (viele Rollen können pantomimisch besetzt werden)

Inhalt des Stückes

Sankt Nikolaus gefallen die Familienszenen nicht, die sich vor dem Puppenschaufenster in der Fußgängerzone abspielen.
Zwei Kinder streiten mit ihren Eltern:
Die kleine Lisa kann nicht verstehen, warum sie plötzlich nicht mehr bekommt, was sie möchte, so wie früher.
Ihr Vater kann ihr nicht klarmachen, was es bedeutet, arbeitslos zu sein.
Lea hingegen ist sauer, weil sie gar keine Puppe haben will.
Immer muss sie alleine mit ihren Puppen spielen.
Warum spielt Mama nicht mit ihr?
Sankt Nikolaus lässt die Geschichten wie einen Film rückwärts laufen. Nun können die Familien alles anders machen …

Ziel

In den einzelnen Übungsteilen wird nicht nur die Handlung des Stückes etappenweise vorbereitet, sondern die Kinder setzen sich parallel dazu kritisch mit ihrem eigenen Konsumverhalten auseinander.
Die Kinder sollen eine aktive, selbstbewusste Haltung gegenüber Markenzwängen einüben.
Sie erleben, dass Handlungen beeinflusst und geplant werden können. Zusätzlich soll den Kindern bewusst werden, dass Freunde und Spielgefährten wesentlich mehr bedeuten als viele Spielsachen.
In der Rolle als „Puppen" können sich die Kinder als schön, wertvoll, liebenswert und begehrenswert erleben, aber auch als „Monster" und „Bösewichte" ihrer Hilflosigkeit ein Ventil geben. Sie können sich ihrer „Wirkung" bewusst werden und an ihr arbeiten.

Die Puppen

Raumgestaltung

Auf die Seite gekippte Schultische in den Ecken des Raumes bilden „Spielkammern" für die Kleingruppen.

Material

* Im Requisitenkoffer sollten außer Tüchern und Farben auch Puppengeschirr und Bauklötze zum Bau von Puppenmöbeln zur Verfügung stehen.
* Kassettenrekorder mit Tanzmusik oder Instrumente
* Verschiedene Puppen und Spielzeugfiguren, die die Kinder von Zuhause mitbringen

Entwicklungsschritte

In der **ersten Spieleinheit** bringen die Kinder ihre Erfahrungen mit Konsumzwängen, aber auch ihre fantastische Spielwelt ein. Und sie sind noch offen genug, die von der Werbung vorgegebenen Künstlichkeiten im **freien Rollenspiel** zu überwinden. Dann werden die Puppen betrachtet, im **Rätselspiel** nachgeahmt und schließlich zur Seite gelegt. In **Partnerarbeit** erfahren die Kinder die eingeschränkte Ausdrucksfähigkeit und Beweglichkeit der Puppe, aber auch ihren Zauber.

Durchführung

Puppenspiel

Alle Kinder dürfen bis zu drei Puppen oder Spielfiguren mitbringen, natürlich auch „Monsterfiguren" o.Ä. Jedes Kind geht mit seinen Puppen durch den Raum und lässt sie andere Puppen begrüßen. Beim Musikstopp bleiben die Kinder bei dem Partner stehen, den sie zuletzt begrüßt haben, und stellen ihre Puppen vor.

B ÜBUNGSPHASE

Freies Rollenspiel in Kleingruppen

Die Kinder finden sich in Kleingruppen zusammen, um mit ihren Puppen und Figuren im freien Spiel zu spielen (ca. 10–20 Min.). Etwas unselbstständige Kinder sollen sich umschauen, welche Puppen ihnen gefallen und in dieser Gruppe fragen, ob sie mitspielen dürfen. Ermuntern Sie die Kinder, ihre Spielecken mit Sachen aus dem Requisitenkoffer einzurichten, damit sie ganz in ihrer Spielwelt versinken können.

Rätselspiel im Sitzkreis

Vier völlig verschiedene Puppen werden in die Mitte gelegt, ein Kind steht auf und imitiert eine Puppe. Die anderen Kinder raten, welche es ist. Wer die imitierte Puppe errät, ist als nächster mit Vorspielen dran.

Varianten und Steigerungsformen:

- mehrere Puppen zur Auswahl; jeweils nur ein Detail darstellen (z. B. Arme, Beine, Mimik, Körperhaltung)
- mehrere Kinder spielen gleichzeitig verschiedene Puppen

(Diese Übungen können zu einer Extra-Stunde werden oder später bei der straffen Probenarbeit immer wieder aufgegriffen werden.)

Partnerarbeit: Kind und „Puppe“

Ein Kind richtet den Körper des Partners als Puppe her. Die Partner machen aus, was die Puppe kann und was nicht. Jetzt gehen sie spazieren. Dabei lenkt das Kind seine „Puppe“.

Variationsmöglichkeiten:

- Das Kind spielt im freien Spiel mit seiner „Puppe“.
- Die „Puppe“ kann an- und ausgeschaltet werden.
- Sie kann mit verschiedenen Knöpfen gelenkt werden .
- Das Kind steigt auf einen Stuhl, die „Puppe“ wird als Marionette an unsichtbaren Fäden aufgehängt. Anschließend tauschen die Partner.

Puppentanz

Die Kinder gehen mit ihrer „Puppe" zur Musik (Kassette oder Instrumentalgruppe) spazieren. Der Partner führt seine Puppe dabei durch den Raum. Bei Musikstopp erfolgt ein Rollenwechsel.

Die Geschichte (1. Teil)

Raumgestaltung

An die Wände gestellte Tische stellen eine „Geschäftsstraße" dar.

Material

* Schilder (z.B. aus Pappe oder Tonkarton) für Geschäfte: z.B. Süßwaren, Spielwaren, Schmuck und Juwelen, Kindermoden, Sportgeschäft, Buchhandlung, McDonalds, Musikgeschäft, Reisebüro ...
* Kassettenrekorder mit Tanzmusik oder Instrumente zum Selberspielen

Entwicklungsschritte

Nachdem mit dem **„Puppentanz"** wieder an die letzte Stunde angeknüpft wurde, bereiten sich die Kinder mit der **Bewegungsgeschichte** auf die Übungsphase vor. Dann setzen sich die Kinder im **Rollenspiel** mit ihrem Konsumverhalten auseinander. Danach wird die **Geschichte von Lisa und ihrem Vater** eingeführt und in Szene gesetzt. Beim **Ausklang** wird über erfüllbare und unerfüllbare Wünsche nachgedacht.

Durchführung

A WARM-UP

Bewegungsgeschichte

Beginnen Sie zunächst mit dem „Puppentanz“ (siehe S. 55). Anschließend führen Sie mit den Kindern die Bewegungsgeschichte durch. Zu Beginn finden sich die Kinder gruppenweise zu „Familien“ zusammen. Machen Sie jeweils die entsprechenden Bewegungen passend zur Geschichte vor (z.B.: die Hände so halten, als säße man am Steuer; vorwärts, seitwärts und rückwärts schauen; mit dem Körper nach rechts und links gehen, ...).

Wir fahren in die Stadt

Viele Familien kaufen jetzt in der Stadt Weihnachtsgeschenke ein. Manche Familien sind ganz klein, zum Beispiel nur Mutter und Kind. Manche Familien sind groß, zum Beispiel Vater, Mutter, vier Kinder und die Oma. Zu manchen Familien gehören wieder ganz andere Leute: Freunde, neue Partner von Mama oder Papa, Tanten, Onkel, wie ihr wollt! Schaut euch um, mit wem ihr heute „Familie“ spielen wollt! Schließt euch zu Familien zusammen! Jetzt steigt ihr alle in euer fröhliches Familienmobil. Haltet euch gut fest, denn jetzt geht es los! Wir fahren in die Stadt und machen Weihnachtseinkäufe. Wir fahren rückwärts aus der Garage – Vorsicht, da steht ein Baum! – Jetzt fahren wir langsam und leise durch eine Spielstraße – Da rollt ein Ball, gleich kommt ein Kind! – Prima, gut gebremst! – Wir fahren brav fünfzig – Wir biegen ab auf den Autobahnzubringer – Vorsicht, gleich fahren wir auf die Autobahn auf, schaut euch um, ob niemand daherrast! – Jetzt geht es schnell voran auf der großen Autobahn! – Ach je, vier Lastwagen hintereinander und wir können nicht überholen! – Endlich! Hinter uns ist frei, wir überholen! – Dreihundert Meter zur Ausfahrt, blinken! – Schön langsam um die Kurve! Links abbiegen in die Stadt! – Wo sollen wir nur parken? – Wir fahren ins Parkhaus! Die Kurven hinauf bis zum obersten Parkdeck! – Hoffentlich ist euch jetzt nicht schwindlig geworden! – Wir steigen aus und kontrollieren: – Geldbeutel dabei? – Einkaufstasche dabei? – Autoschlüssel? – Parkschein? – Jetzt beginnt der Einkaufsbummel!

B ÜBUNGSPHASE

Freies Rollenspiel

Eine der zuvor gebildeten „Familien“, die dazu bereit ist, wird aufgelöst und zu Verkäufern umfunktioniert. Die Verkäufer bauen die „Geschäftsstraße“ auf, suchen sich im Requisitenkoffer „Waren“ oder handeln mit imaginären Waren. Die restlichen „Familien“ kaufen ein und spielen in freiem Spiel verschiedene Verkaufsszenen.

Einkaufsgeschichte

Die Kinder verabschieden sich von ihrer „Familie“ und suchen sich einen Spielpartner. Einer ist der Verkäufer, der andere das Kind. Das Kind sucht ein Geschenk für die Oma und sieht sich eine Tasche an. Der Verkäufer versucht mit allen Tricks, das Kind zum Kauf zu bewegen. Schafft er es oder nicht?
Nach dem Wechsel geben Sie den Kindern drei Sätze vor, mit denen sie sich gegen aufdringliche Verkäufer wehren können, die sie zum Kauf überreden wollen:

1. Ich habe mir das … anders vorgestellt.
2. Ich möchte mir das noch mal genau überlegen.
3. Ich frage noch meine Eltern, ob ich das kaufen soll.

Diese drei Sätze beschützen dich vor Geldmangel, Schulden und übereilten Käufen.
Die Szene wird mit diesen drei Sätzen wiederholt.

Gedankenspiel im Sitzkreis

„Du siehst einen Vater, der mit eisiger Mine seine schreiende kleine Tochter hinter sich herzieht. Was ist wohl passiert?“
Lassen Sie die Kinder im Sitzkreis erzählen und Vermutungen zu dieser Szene äußern. Darauf aufbauend können die Kinder Spielversuche durchführen.

Einführung der Szene „Lisa-Vater"

Lisa macht mit Papa einen Schaufensterbummel.
Sie möchte unbedingt eine Puppe, aber Papa sagt „nein".
Lisa versteht die Welt nicht mehr!
Früher hat sie doch immer alles bekommen, was sie wollte.
Mag Papa sie nicht mehr? Papa versucht Lisa zu erklären, dass er keine Arbeit mehr hat, also kein Geld mehr für teure Puppen da ist.

Partnerarbeit:
Zu Zweit spielen die Kinder diese Szene mit Lisa und ihrem Vater nach. Anschließend kann ein Vorspielen vor der gesamten Gruppe folgen.

C AUSKLANG

Reaktionsspiel

Erzählen Sie den Kindern, was man sich alles zu Weihnachten wünschen kann. Bei Dingen, die als Geschenk wirklich möglich sind, sollen die Kinder die Hände in die Luft heben und „Ja!" rufen. Ist es ein unmögliches Geschenk, dann drehen die Kinder die Daumen nach unten und rufen: „Puh!"

Beispiel:
„Ich wünsche mir ein Bügeleisen, eine Winterjacke, einen Teddybär, ein echtes Kamel, einen Düsenjet, ein Paar Winterstiefel, einen Teller Weihnachtsplätzchen, einen Intercity-Zug, einen Wolkenkratzer, ein Nashorn … aus Stoff!, einen Hamster, einen Walfisch, einen Elefanten, einen Berg, einen Berg Bonbons, eine neue Tasche, ein junges Krokodil, ein Buch, einen CD-Player, einen Rucksack, einen Füller, einen Ball, einen Fallschirm, … (usw.)

Gedankenspiel

„Mache dich jetzt ganz, ganz klein und setze dich auf den Boden! Jeder von uns hat Wünsche, die nie in Erfüllung gehen. Du kannst jetzt diese Wünsche in deine hohlen Hände sprechen, wenn du magst. Und jetzt – blase! Lasse sie einfach frei!"

Die Geschichte (2. Teil)

Raumgestaltung

Nach dem Warm-up wird ein T-förmiger Laufsteg aus Tischen gebaut.

Material

- Nikolausgewand
- Popcorn
- Kassettenrekorder und „peppige" Musik
- Wäscheklammern mit den darauf geschriebenen Rollen

Entwicklungsschritte

Die dritte Spieleinheit beginnt mit einer nachgespielten **Nikolausfeier,** um die Figur des Nikolaus einzuführen. Dann wird in der **Übungsphase** das Stück bis zur Wende erarbeitet. Da die Übungen in der Großgruppe viel Disziplin verlangen, schließen wir mit einer **Bewegungsgeschichte.**

Durchführung

Nikolausfeier

Die Kinder sitzen im Kreis, in der Mitte liegt ein Nikolausgewand. Wer will, darf es anziehen und die anderen Kinder loben, mahnen und mit einzelnen Popcornflocken beschenken (preiswerter und weniger Dreck als Nüsse!). Nach einigen Nikolausspielen wird die Rolle erklärt: *„In unserem Theaterstück kommt der Nikolaus vor. Er besucht die Puppen im Schaufenster und beobachtet die Kinder, die mit ihren Eltern vor das Schaufenster treten. Wenn er schlimme Dinge erlebt, die ihm gar nicht gefallen, dann dreht er einfach die Szene rückwärts wie einen Film. Jetzt wollen wir spielen, was der Nikolaus alles sieht!"*

B ÜBUNGSPHASE

Das Puppenschaufenster (Laufsteg-Übung)

Die Kinder gehen als „Puppen" über den Laufsteg.
Im Hintergrund läuft passende „peppige" Musik.
Jede „Puppe" erzählt dem Nikolaus , welche Eigenschaften sie hat:
Ich bin ganz niedlich, ich bin ein gefährliches Ungeheuer, ich bin eine lustige Puppe, ich bin ein …
(aktueller Marktschlager, z.B.: Pokémon).
Jeder wird von der Gruppe beklatscht.

Wiederholung der Szene „Lisa – Vater"

Wiederholen Sie mit den Kindern den Inhalt der Szene von Lisa und ihrem Vater, die sich vor dem Puppenschaufenster streiten.

Einführung der Szene „Lea – Mutter"

Nicht nur Lisa und ihr Vater schauen die Puppen an, sondern auch Lea mit ihrer Mutter. Lea langweilt sich beim Einkaufen. Sie macht der Mutter Vorwürfe: Immer fahren sie in der Gegend umher, aber sie will endlich mal zu Hause bleiben und mit der Mutter basteln! Die Mutter erklärt Lea, dass sie Geschenke einkaufen muss. „Stell dir vor, der Opa bekäme nichts zu Weihnachten!" Lea wird wütend. Soll sich doch der Opa selber was kaufen. Die Mutter wird sauer.
Partnerarbeit: Zu zweit spielen die Kinder diese Szene mit Lea und ihrer Mutter nach. Anschließend kann ein Vorspielen vor der gesamten Gruppe folgen.

Übung in der Vierergruppe

Die Kinder bilden nun Vierergruppen. Jede Gruppe bekommt vier Wäscheklammern, auf denen jeweils eine der folgenden Rollen steht: Vater, Mutter, Lisa, Lea. Die Wäscheklammern werden verteilt und die entsprechenden Szenen gespielt. Nach einem Durchgang tauschen die Kinder die Klammern und verteilen so die Rollen neu.

 Übung in der Großgruppe

Alle Rollen, auch die verschiedenen Puppenrollen, stehen auf Wäscheklammern und werden verteilt. Gruppenmitglieder, die nicht Vater, Lisa, Mutter, Lea oder Nikolaus spielen, spielen Puppen.

Spielfolge:

1. Puppenlaufsteg (Hin- und Herschreiten der Puppen nach Musik; stoppen der Bewegungen bei Beginn des Dialogs von Vater und Lisa)
2. Vater und Lisa (Dialog)
3. Puppenlaufsteg (Hin- und Herschreiten der Puppen nach Musik, stoppen der Bewegungen bei Beginn des Dialogs von Mutter und Lea)
4. Mutter und Lea (Dialog)
5. Wende: Nikolaus sagt, dass ihm die Streitszenen nicht gefallen

Sorgen Sie dafür, dass die Kinder klare Standorte und Bewegungsabläufe einhalten und wiederholen Sie lobend gute Sprachmuster.

C STUNDENAUSKLANG

 Bewegungsgeschichte rückwärts

Die Kinder sollen die Bewegungsgeschichte „Wir fahren in die Stadt" (S. 56) wieder aufgreifen, doch diesmal den Weg nach Hause zurückfahren. Die Kinder finden sich dazu wieder in „Familien"-Gruppen zusammen. Diesmal entwickeln sie ihre eigene Bewegungsgeschichte, die natürlich in jeder Gruppe anders aussehen kann.

Die Heimfahrt vom Einkaufsbummel

Erinnert ihr euch an die Stunde, als ihr als Familien zum Einkaufsbummel gefahren seid? Jetzt müsst ihr heimfahren. Bildet wieder „Familien", setzt euch in euer Familienmobil und haltet euch gut fest. Ihr denkt jetzt, ich sage euch den Weg! Nein! Ihr müsst ihn diesmal selber finden.

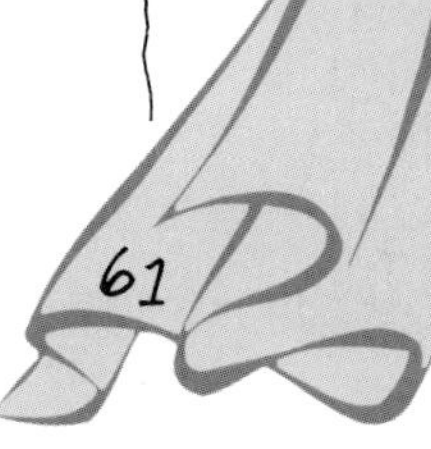

Spieleinheit

Das ganze Stück

Raumgestaltung

Der Puppenlaufsteg wird aufgebaut.

Material

- Nikolausgewand
- Wäscheklammern mit den darauf geschriebenen Rollen
- Kassettenrekorder und Musik im Vierertakt

Entwicklungsschritte

Anfangs werden in einem **Laufspiel** die Ausgangspositionen der Spieler im Stück ausprobiert. Es folgen ein **Gedankenspiel** und **Wahrnehmungsübungen:** den Tag rückwärts denken und Bewegungen vorwärts und rückwärts ausführen. Reversibilität und Irreversibilität werden angesprochen. In Vierergruppen wird nun **geübt,** wie Nikolaus die Szenen zurückdreht. **Lösungsvorschläge** werden erarbeitet. Zum **Ausklang** werden die reversiblen Bewegungen rythmisiert.

Durchführung

Laufspiel

Die Kinder laufen nach Musik durch den Raum. Bei jedem Musikstopp stellen sie sich wie zu Beginn des Theaterspiels auf. Wenn sich ein Kind schon als „Vater" hingestellt hat, nehmen die anderen Kinder die Position einer anderen Rolle ein. Wenn die Musik wieder beginnt, laufen sie erneut durch den Raum. Die Kinder sollen versuchen, ganz unterschiedliche Plätze einzunehmen.

Inhalt angeben

Der gute, alte Nikolaus sieht es nicht gerne, wenn Menschen in der Weihnachtszeit ärgerlich oder traurig sind. Deshalb hat er die Zeit noch einmal zurückgedreht. Versuche das auch einmal!

Gedankenspiel

Lege dich auf den Boden! Wenn du konzentriert nachdenken willst, hilft es, die Augen zu schließen.
Denke dich jetzt rückwärts durch deinen Tag. Wie war das heute?
Jetzt liegst du hier auf dem Boden.
Kurz vorher haben wir uns zur Musik bewegt.
Wo hast du dich hingestellt? Weißt du es noch? Wie hat für dich die Theaterstunde angefangen? Was hast du kurz vorher gemacht?
Denke jetzt rückwärts bis zum Aufstehen heute Morgen!
(lange Pause) *Na, wie war's?*
Die Kinder sprechen im Sitzkreis über ihre Erfahrungen.

Wahrnehmungsübungen

Übungsauftrag

Zeigen Sie den Kindern Beispiele, wie man Bewegungen des Körpers oder einzelner Körperteile erst vorwärts und danach rückwärts durchführen kann.
Kannst du auch deine Bewegungen rückwärts machen?
Denke dir drei langsame Bewegungen aus, eine mit den Armen, eine mit den Beinen, eine mit dem Kopf! Jetzt lasse den Film rückwärts laufen! Kannst du das?

Irreversibilität

Wenn du vom Schrank auf das Sofa springst, kannst du deswegen noch lange nicht vom Sofa rückwärts auf den Schrank springen! Fallen dir Bewegungen ein, die du nicht rückgängig machen kannst? (z.B. Fallschirmspringen, jemandem eine Ohrfeige geben, Kopfsprung ins Wasser, etwas zerkauen …)

Einzelübung
Die Kinder suchen sich jetzt fest drei Bewegungen aus, die sie vorwärts und rückwärts machen können. Lassen Sie dazu Musik im Vierertakt laufen. Zuerst werden die drei Bewegungen vorwärts auf drei Schlägen gemacht – Pause auf 4. Das Gleiche danach rückwärts (1, 2, 3 – Pause). Sie können diesen Rhythmus auch unterstützend mit einem Tamburin schlagen.

Eine friedliche Lösung

Übung in der Vierergruppe
Die Kinder üben, die Szenen rückwärts zu spielen. Dazu verteilen die Kinder wieder in Vierergruppen die Wäscheklammern mit den Rollen. Die Geschichten werden vorwärts gespielt – bis Lisa und der Vater/Lea und die Mutter die Bühne im Streit verlassen. Von hier an läuft die Szene pantomimisch rückwärts bis zum Anfang: Alle Bewegungen finden also rückwärts statt. Am Anfang der Szene angelangt, versuchen die Kinder nun gemeinsam eine friedliche Lösung für die Szenen zu finden. Die erarbeiteten Szenen (d.h. die Szenen, die pantomimisch rückwärts gespielt werden und die friedliche Lösung der Szenen) werden dann in der Großgruppe vorgespielt. Nach dem Vorspielen wird in der Gesamtgruppe festgelegt, wie die Geschichte ausgehen könnte.

Wie die Geschichte ausgehen könnte (Beispiel)
Lisa und Lea rennen voll Zorn von ihren Eltern fort. Mitten auf der Bühne stoßen sie fast mit den Köpfen zusammen und erschrecken: „Oh, Entschuldigung. Das wollte ich nicht!" Sie erzählen sich, warum sie so wütend sind. Die Kinder verstehen sich gleich gut und fragen ihre Eltern, ob sie sich nicht zum Spielen treffen können. Die Eltern erlauben es. Der Nikolaus fragt sie, ob sie in der Stadt das Richtige gefunden haben. „Ja", sagen sie, „eine Freundin!"

Zweier- oder Dreiergruppe
(zwei Spieler, ein Beobachter)
Die Kinder üben den Dialog zwischen Lisa und Lea und spielen ihn vor.

Vierergruppen im Sitzkreis
Die Rollen (Mutter, Lea, Vater, Lisa) werden verteilt. Lisa und Lea stellen sich den Eltern gegenseitig vor und bitten diese, ob sie miteinander spielen dürfen. Sie stellen fest, dass sie gar nicht weit auseinander wohnen. Die Eltern sind erst nachdenklich und zweifelnd, dann stimmen sie zu.

C AUSKLANG

Pantomimischer Tanz

Lassen Sie zum Ausklang die Kinder die Lösung pantomimisch mit Musikbegleitung spielen. Anschließend werden nochmals die drei Bewegungen vorwärts und rückwärts getanzt.

5. & weitere Spieleinheiten:

Probenarbeit

Jetzt ist das Stück so weit fortgeschritten, dass die Rollenwahl durchgeführt und nach Szenenvorlage (Textbeispiel siehe S. 69, 70) geübt werden kann.

Einzelproben

Rollen: Vater und Lisa
Mutter und Lea
Lisa und Lea
Pantomime „Die Kinder bitten ihre Eltern …"
Nikolaus

Einzelne Puppenbewegungen: Tanz

Bei den Puppentänzchen kann, je nach Alter und Neigung der Kinder, ganz frei vorgegangen werden: Die Kinder können sich wie Mannequins bewegen oder mit den geübten Vorwärts- und Rückwärtsbewegungen. Dies sieht besonders gut aus, wenn von jeder Puppensorte mehrere Puppen mitspielen und diese sich drei wirklich typische Puppenbewegungen ausdenken. Gibt es eine Instrumentalgruppe, die mitwirkt, werden jetzt Musik und Tanz gemeinsam geübt. Auch das plötzliche Abstoppen der Bewegungen bei Beginn der Dialoge zwischen Vater und Lisa und Mutter und Lea muss eingeübt werden.

Gesamtproben

Anschließende Proben des gesamten Theaterstücks in der Großgruppe.

Kostüme

Da in diesem Stück die Rollen nicht gewechselt werden und jeder nur eine Rolle hat, brauchen die Spieler keine schwarze Sportkleidung als Grundkleidung. Die Puppen können richtig kostümiert und geschminkt werden. Für diesen Zweck lohnt es sich, Eltern oder große Geschwister für Bastelaktionen zu animieren und z.B. auch als „Maskenbildner" vor den Vorstellungen zu beschäftigen.

Kostümvorschlag „Puppenhut"

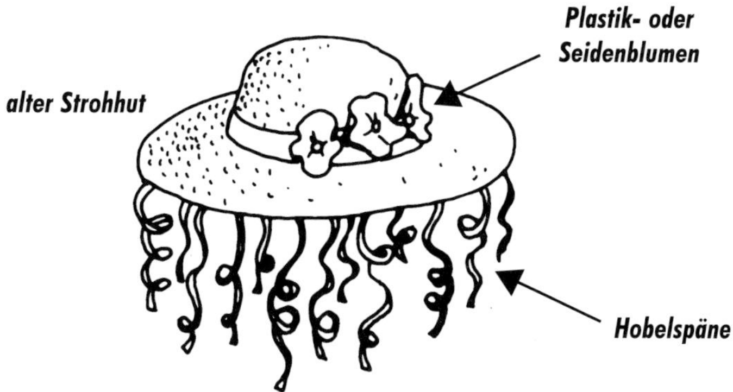

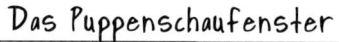

Vorschlag zum Aufbau des Puppenschaufensters

Vorschlag zum Aufbau der Bühne siehe S. 68.

Vorschlag zum Aufbau der **Bühne**

Aufbau aus 9 flachen Bühnen-Elementen:

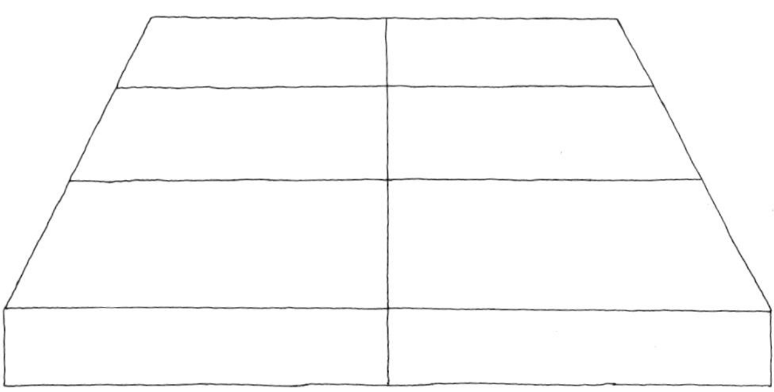

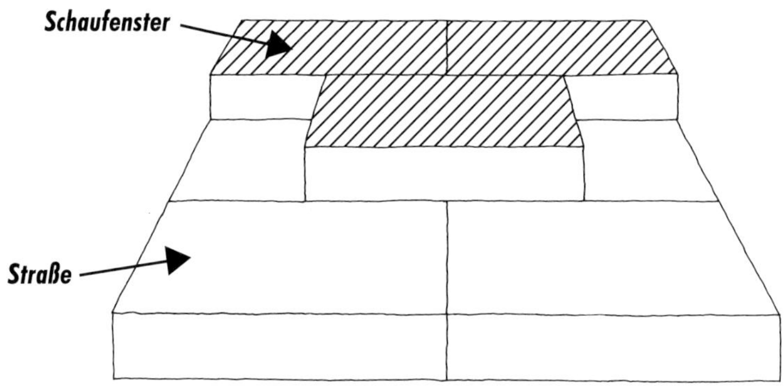

*Wer keine Bühnenelemente hat oder kriegt,
schraubt sich z.B. mit Schraubzwingen die Beine von 6 Biertischen zusammen.
Das geht aber höchstens für 4–6 Puppen!
Vorsicht: Spalten!*

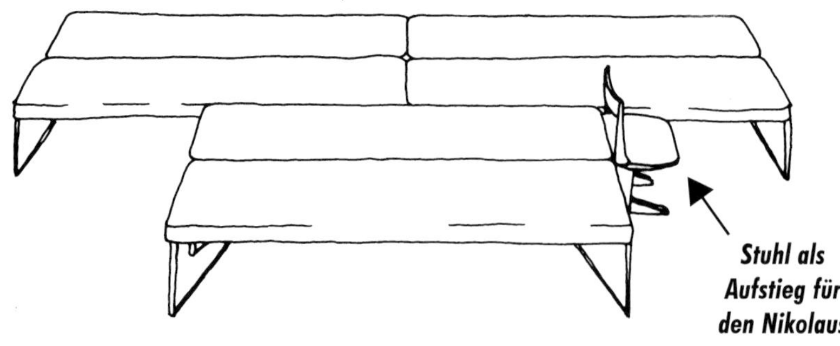

Beispiel für eine **Szenenvorlage** zu: „Das Puppenschaufenster"

1. Szene

Sankt Nikolaus kommt durch den Saal auf die Bühne.
Unterwegs teilt er Nüsse aus und begrüßt die Zuschauer.
Er steigt ins Schaufenster.
Die Puppen begrüßen ihn mit einem Puppentänzchen.
Als Lisa und ihr Vater sich nähern, erstarren Sankt Nikolaus und alle Puppen.

2. Szene

Lisa und ihr Vater schauen die Puppen an, die nun nacheinander auf dem Laufsteg in den Vordergrund tanzen.
Lisa will unbedingt eine Puppe, aber Papa ist arbeitslos geworden und hat nur Geld für das Wichtigste zum Leben.
Er muss nein sagen. Lisa versteht die Welt nicht mehr.
Sie hat doch früher alles bekommen, was sie wollte!
Sie beschimpft ihren Vater.
St. Nikolaus schnipst mit den Fingern –
Vater und Lisa erstarren.

3. Szene

Lea kommt mit ihrer Mutter zum Schaufenster.
Die Mutter will ihr eine Puppe kaufen, aber Lea ist sauer.
Immer soll sie leise in ihrem Zimmer mit den Puppen spielen und darf sich nicht schmutzig machen. Sie mag überhaupt keine Puppen. Lieber wäre ihr, die Mutter würde mit ihr spielen.
Die Mutter schimpft, weil Lea so undankbar ist.
St. Nikolaus schnipst mit den Fingern –
Mutter und Lea erstarren.

4. Szene

Dem Heiligen Nikolaus gefallen die Szenen nicht.
Er gibt ein Zeichen und die Szenen spielen sich rückwärts ab, abgehackt und schnell wie ein Film, der zum Anfang zurückgespult wird. Auch die Puppen bewegen sich rückwärts.

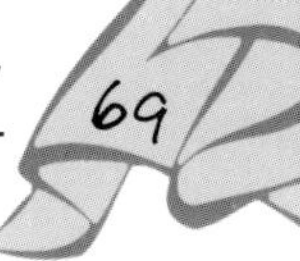

5. Szene

Lisas Geschichte läuft wieder vorwärts,
bis ihr Vater sagt:
„Ich kann dir keine so teure Puppe kaufen,
ich bin doch jetzt arbeitslos!" –
beide erstarren.

6. Szene

Leas Geschichte läuft ab, bis ihre Mutter sagt:
„Jetzt werde ich aber sauer!"

7. Szene

Beide Kinder reißen sich trotzig los, laufen
zur Bühnenmitte und stoßen dort zusammen.
Sie erschrecken, machen sich Vorwürfe,
entschuldigen sich und erzählen sich,
warum sie gerade so blindwütig davongelaufen sind.
Lisa möchte so gerne eine Puppe,
Lea hat Puppen genug
und möchte nicht alleine spielen.
Ob sie sich zusammentun können?

8. Szene

Sie erzählen diese Idee ihren Eltern.
Sie stellen fest, dass sie gar nicht so weit voneinander
entfernt wohnen. Die Eltern sind einverstanden,
dass sich die Kinder gegenseitig zum Spielen
besuchen dürfen.

9. Szene

Sankt Nikolaus kommt aus dem Schaufenster und fragt,
ob die Kinder etwas Schönes in der Stadt gefunden haben.
„Ja, eine neue Freundin!"
Nikolaus winkt den Familien hinterher,
die zusammen von der Bühne schlendern.

10. Szene

Zum Schluss tanzen die Puppen
wieder mit dem Nikolaus.

Puppentanzlied

1. Trot – telt hin, trot – telt her, | das ist Tabs der Ted–dy–bär.
2. Blaue Augen, sternenklar, | hat Barbiefee mit langem Haar.
3. Ständig kriegt er einen Schubs, | unser Stehaufmännchen Stubs.
4. Babyboy kann winken, | schreien, essen, trinken.
5. Mini-Püppchen Ululuh | macht die Augen auf und zu.
6. Badepuppe Anne | darf mit in die Wanne.
7. Deine Puppe ____________________

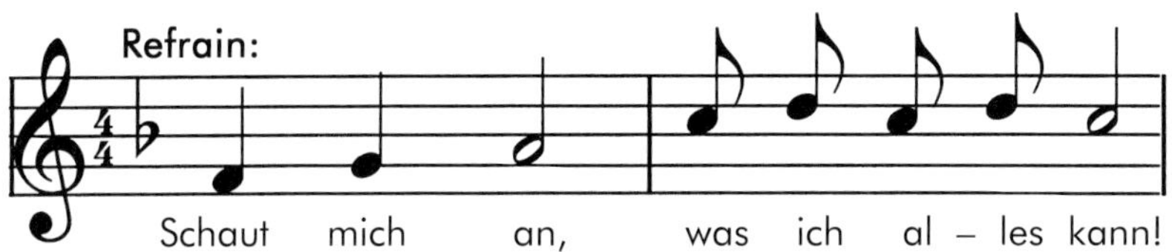
Refrain:
Schaut mich an, was ich al – les kann!

Schaut wie ★ ★ ★ ich bin, dreh ich her und dreh ich hin!

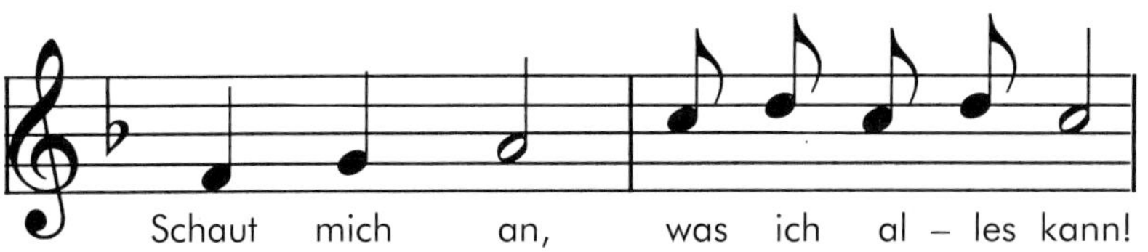
Schaut mich an, was ich al – les kann!

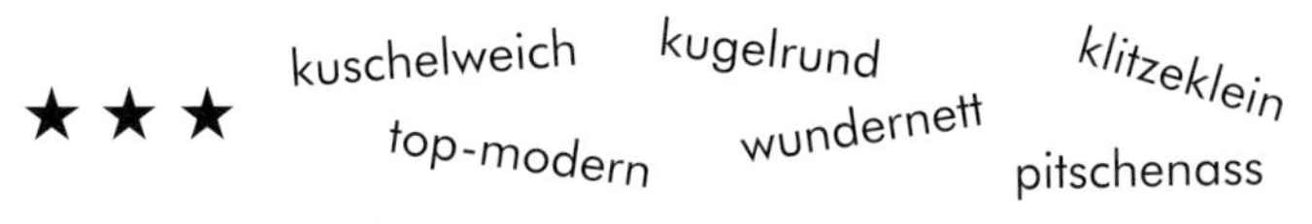
★ ★ ★
kuschelweich
kugelrund
klitzeklein
top-modern
wundernett
pitschenass

Puppentanzlied
begleiten und tanzen

Instrumentalbegleitung

Das Lied kann gut mit Orff-Instrumenten begleitet werden. Jede Puppe erhält ein „Charakter"-Instrument (z.B. Teddy – Kleine Pauke; Stehaufmännchen – Agogo oder Rassel; Barbie – Triangel usw.)

Rhythmus

Die verschiedenen „Gangarten" und Bewegungen der Puppen werden auf dem Laufsteg ausprobiert. Die Kinder begleiten einzeln oder gruppenweise die Bewegungen der „Puppenkinder", indem sie mit ihren Instrumenten im Takt spielen. Verschiedene Puppen bilden unterschiedliche rhythmische Begleitfiguren. Der Teddybär wird z.B. auf der halben Note, das Baby auf der Viertelnote und die Barbie auf der Achtelnote begleitet.

Tanz

Beim Erfinden des Tanzes sollen die eckigen Bewegungen der Puppen zur Geltung kommen. Vorwärts-, Rückwärts- und Drehbewegungen sollen ganz bewusst und sparsam kombiniert werden. Die Rondoform des Liedes sollte auch beim Tanz durch wiederkehrende Elemente zum Ausdruck kommen.

Textbeispiel für die Hand des Spielleiters „Das Puppenschaufenster"

Vorspann:
Sankt Nikolaus kommt durch die Saaltüre herein und verteilt Nüsse.

Nikolaus: *Gott zum Gruß, ihr lieben Zuschauer!*
Wo bin ich denn hier? In Hinter- oder in Vordertupfing?
Ach so, in ______________________ !
Wisst ihr, am liebsten bin ich eigentlich im Wald,
im schönen Winterwald, wo der Schnee so still
vor sich hinglitzert und die Rehe sich zusammenkuscheln
in ihren Kuhlen. Na ja, trotzdem gehe ich ab und zu
auch in die Stadt und schaue, wie es den Menschen
da geht. Kommt ihr mit?

Sankt Nikolaus stapft auf die Bühne, „öffnet" das imaginäre Schaufenster und begrüßt die Puppen.

Szene 1: Lisa und ihr Vater vor dem Schaufenster

Die Puppen stellen sich einzeln oder in Grüppchen vor. Sie tanzen vom Hintergrund in den Vordergrund – Freeze (Erstarrung in der Bewegung). Lisa und Papa treten auf die Bühne.

Lisa: *Papa, Papa, das ist die Puppe,*
die ich mir schon immer gewünscht habe!
Papa: *So, so.*
Lisa: *Papa, krieg ich die zu Weihnachten?*
Papa: *Die kostet ja über 50 Euro.*
Lisa: *Ich will ja sonst gar nichts zu Weihnachten!*
Papa: *Lisa, nichts ist mehr wie früher,*
solange ich keine Arbeit finde.
Lisa: *Papa, magst du mich denn gar nicht mehr?*
Papa: *Aber Lisa! Ich kann dir die Puppe nicht kaufen.*
Lisa: *Du bist gemein, Papa, richtig gemein!*

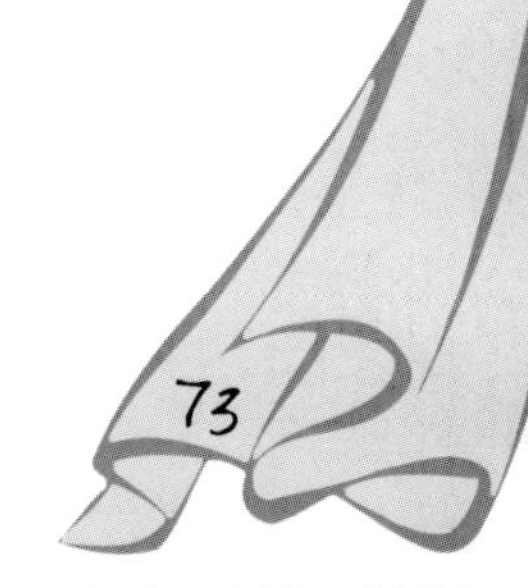

Papa: *Lisa, jetzt reicht es mir!*
Los, wir gehen heim!
Du machst ja alles noch viel schlimmer.

St. Nikolaus im Schaufenster schüttelt den Kopf und schnipst mit den Fingern. Lisa und Papa erstarren.

Szene 2: Lea und ihre Mutter vor dem Schaufenster

Die Puppen tanzen zurück und wieder vor.
Lea und Mama treten auf die Bühne.

Lea: *Guck, Mutti, wie die Puppen tanzen!*
Mama: *Wie hübsch! Möchtest du von Omis Weihnachtsgeschenk eine neue Puppe kaufen?*
Lea: *Oh je, doch nicht schon wieder! Spiel du lieber mit mir!*
Jeden Nachmittag muss ich mit in die blöde Stadt.
Die anderen Kinder aus meiner Klasse basteln
mit ihrer Mutti schöne Geschenke.
Mama: *Wir haben doch noch nichts für Opa gefunden und*
für Tante Tilli! Die schenken uns doch auch immer so viel.
Lea: *Mir ist aber langweilig hier!*
Arbeiten, einkaufen, arbeiten, einkaufen –
nie spielst du mit mir!
Mama: *Du bist ein freches Kind und ungerecht dazu!*
Da würdest du schauen, wenn ich keine Arbeit mehr hätte,
du verzogener Fratz! Alles kriegst du, alles!
Lea: *Ich will jetzt heim! Dann bastle ich eben ganz alleine!*
Mama: *Wir erledigen jetzt alle Geschäfte*
und du führst dich nicht so auf!

St. Nikolaus schüttelt den Kopf und schnipst mit den Fingern.
Lea und Mama erstarren. Die Puppen tanzen zurück.

Szene 3: Die Wende

Nikolaus tritt hervor.

Nikolaus: *Hm, diese Geschichten gefallen mir nicht!*
Da werde ich sie ein bisschen zurückdrehen!

Lea und Mutti erwachen mit kleinen, abgehackten Bewegungen aus ihrer Erstarrung, ebenso Lisa mit ihrem Papa.
Die Puppen tanzen zurück und wieder vor.

Lisa zu ihrem Papa: *Bitte kaufe mir die Puppe!*
Papa: *Nein!*
Lea zu ihrer Mama: *Bitte, bitte, fahre jetzt mit mir heim!*
Mama: *Nein!*

Beide Kinder stampfen auf den Boden und rennen davon in Richtung Mitte. Erschreckt bleiben sie voreinander stehen.

Lea: *Entschuldigung!*
Lisa: *Entschuldigung!*
Lea: *Vor lauter Wut …*
Lisa: *Ich auch …*
Lea: *Weißt du, ich möchte lieber zu Hause spielen.*
Lisa: *Ich möchte eine Puppe,*
aber mein Papa kauft mir keine.
Lea: *Puppen hab ich genug!*
Lisa: *Hm.*
Lea: *Komm, wir fragen unsere Eltern,*
ob wir zusammen spielen dürfen!

Die Spieler stellen pantomimisch dar, wie die Eltern erstaunt die Kinder ansehen, sich dann gegenseitig per Handschlag vorstellen, in die Richtungen zeigen, wo sie wohnen, bedenklich den Kopf wiegen, wie die Kinder herzlich bitten und die Eltern schließlich „ja" nicken.
Die Kinder führen einen Freudentanz auf.

Schluss

Nikolaus: *Na, ihr Kinder!*
Habt ihr denn was Schönes gefunden in der Stadt?
Lisa und Lea (gemeinsam): *Ja! Eine neue Freundin!*

Die Kinder verlassen zusammen mit ihren Eltern den Spielort.
Sankt Nikolaus führt mit den Puppen im Schaufenster einen hübschen Tanz auf.

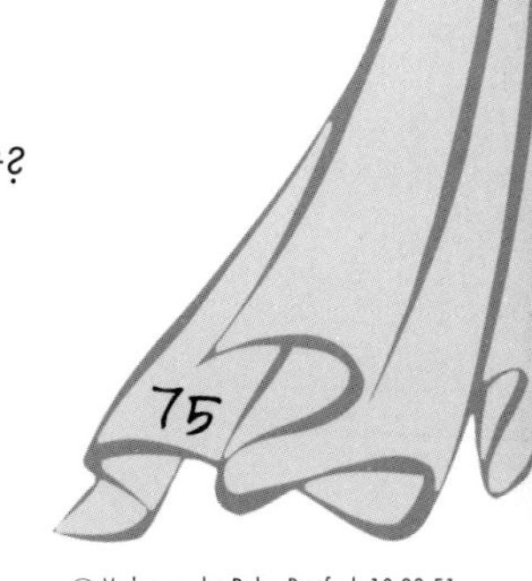

3.
Theater-
stück

Die Bescherung

Voraussetzungen

- ✓ **Alter:** zwischen 8 und 12 Jahren
- ✓ **ideale Spieleranzahl:** mindestens 6 Spieler bis maximal 12 Spieler

Inhalt des Stückes

Eine Familie, die gewohnt ist, einander an Weihnachten Geschenke zu überreichen, kommt in die Zwickmühle: Jeder hat für ein anderes Familienmitglied ein Geschenk vergessen. Aus Angst, den anderen zu verletzen, geben sie lieber ein unpassendes Geschenk als gar keines. Es entsteht eine Atmosphäre der Verlogenheit und Steifheit. Der „Engel der Wahrheit" führt die Familie wieder aus der verfahrenen Situation, sodass sie doch noch ein schönes Weihnachtsfest erlebt.

Ziel

Die Kinder können erfahren, dass gedankenlose oder lieblose Geschenke mehr verletzen als erfreuen. Sie üben, falsche Geschenke zurückzuweisen und der befreienden Ehrlichkeit vor der Höflichkeit den Vorrang einzuräumen. Ein Geschenk aussuchen bedeutet: Nachdenken über den, der beschenkt werden soll.

Überflüssige Dinge – Improvisations-Spiele

Material

- Musik nach Wunsch der Kinder
- Kopiervorlage für das Schreibspiel (S. 82)
- Schreibstifte, Malstifte, Malpapier

Entwicklungsschritte

In der **ersten Spieleinheit** geht es darum, feste Denkstrukturen aufzulösen, Dinge und ihren Gebrauch anders als bisher zu sehen und neue Vorstellungen und Bilder von Dingen zu entwickeln. Anschließend geht es um die Haltung, die ich als Schenker (aktiv) oder Beschenkter (passiv) den Dingen gegenüber einnehme. Aus diesen beiden Komponenten entstehen die **ersten Szenen** für das Theaterstück. Beim **Warm-up** können die Spieler den Wechsel von „aktiv" und „passiv" sein erleben; das Zufällige am Gewinnen und Verlieren wird bewusst. Beim Erfinden von Spielvarianten und neuen Regeln kommt die Kreativität der Kinder in die Gänge, die dann in der **Übungsphase** gebraucht wird. Zuerst in der Gruppe, dann in Partnerarbeit bereiten sich die Spieler beim „Koffer packen" und ähnlichen **Improvisations-spielen** vor, Dinge in anderen Zusammenhängen zu sehen. Alle Übungen führen zum Thema: Schenken – beschenkt werden – d.h. das Geschenk in Beziehung zum Beschenkten zu bringen. Im Theaterstück ist diese Beziehung offensichtlich an den Haaren herbeigezogen und für den Beschenkten direkt verletzend: So kann z.B. der entwöhnte Raucher Zigarren bekommen, die Tante, die mit den Pfunden kämpft, fettige Pralinen, und das Mädchen, das ein Junge hätte werden sollen, einen Werkzeugkasten. Über ein **Schreibspiel** kommen die Kinder zu einer **Theaterszene,** die schon Elemente für das zukünftige Stück enthalten kann, und die im Kreis vorgeführt wird. Zum **Ausklang** machen sich die Kinder ihre eigenen Weihnachtswünsche bewusst.

Durchführung

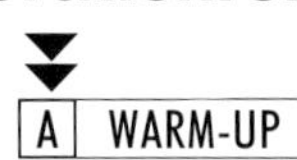

A WARM-UP

„Stein-Schere-Papier"-Tanz

Die Kinder bewegen sich zur Musik.
Beim Musikstopp bilden sich Paare, die sich gegenüberstehen.
Zählen Sie die Schläge laut vor.
Auf „1 – 2 – 3" bewegen die Paare die Faust senkrecht auf und ab; auf „4" losen sie mit den Handzeichen aus: Stein (Faust) – Schere (Zeigefinger und Mittelfinger spreizen) – Papier (Handrücken flach machen). Der Stein besiegt die Schere, die Schere besiegt das Papier ... Der Verlierer muss bis zum nächsten Musikstopp ruhig stehen bleiben, bis ein neuer Partner mit ihm lost. Beim nächsten Stopp werden Varianten vorgeschlagen, welche Körperhaltungen die Verlierer bis zum nächsten Stopp einnehmen müssen. Die Kinder dürfen auch neue Spielvarianten erfinden oder ganz neue Auslose-Spiele vorschlagen.

B ÜBUNGSPHASE

Improvisationsspiele

Blitzkoffer packen

Die Kinder sitzen im Kreis.
Erklären Sie das Spiel:
Stell dir vor, du bist als Hauptgewinner eines Preisausschreibens ausgelost worden. Dein Traumschiff fährt schon heute Nachmittag ab. Alle helfen dir beim Packen.
Wir packen dir jetzt reihum alle möglichen und unmöglichen Sachen in den Koffer. Wer zu lange nachdenkt, kann an seinen Nachbarn weitergeben. Jeder nennt nur eine einzige Sache.
Nach einiger Zeit erweitern wir das Spiel:
Dein Nachfolger kann, statt selbst eine Sache zu sagen, dich fragen: „Wozu ist denn die letzte Sache gut, die in den Koffer gelegt wurde?"
Dann denkst du dir schnell eine unsinnige Antwort aus.

Geschenke auspacken

Dieses Spiel wird mit einem Partner gespielt:
Jetzt kommt ein Paket von der Tante aus Amerika an. Du packst es aus und sagst deinem Partner laut, was du auspackst. Der Partner unterstützt dich, indem er nickt, „oh", „ihh" oder „puh" ruft oder Fragen stellt (z.B. „Wie sieht der Cowboystiefel genau aus?").

Gedankenspiel

Das Gedankenspiel findet im Sitzkreis statt und geht so:
In vielen Läden gibt es schon Weihnachtsdekorationen. Die Leute kaufen schon jetzt eine Menge Geschenke ein. Sie rennen, laufen, schnaufen und zum Schluss haben sie doch jemanden vergessen. Stell dir vor, du hättest deine Mutter vergessen! Darum kaufen manche Leute im Schnäppchenladen Ersatzgeschenke ein. Wir bilden jetzt eine Satzreihe. Jeder verschenkt an seinen Nachbarn ein „Schnäppchen". Der Nachbar fragt zurück: „Wozu kann ich das verwenden?" Der Schenker begründet sein Geschenk. Nun ist der Nachbar dran.
Beispiel:
„Ich schenke dir eine Rolle Maschendraht."
„Wozu kann ich den Maschendraht gebrauchen?"
„Du kannst auf dem Draht seiltanzen!"
„Ach so!"

Schreibspiel

Die Kinder bilden für das Schreibspiel Vierergruppen.
Erklärung:
Ihr bekommt jetzt ein Schreibblatt. Darauf stehen vier Familienmitglieder, die je ein anderes Familienmitglied beim Geschenkekauf vergessen haben. Jetzt kramen sie irgendwelche Schnäppchen hervor und verschenken diese stattdessen. Überlegt zu viert unpassende Geschenke und was der Schenker dazu sagen könnte! Tragt die Geschenke und die Sätze auf eurem Blatt ein, es dient später zum Erfinden eures Weihnachtsstückes.

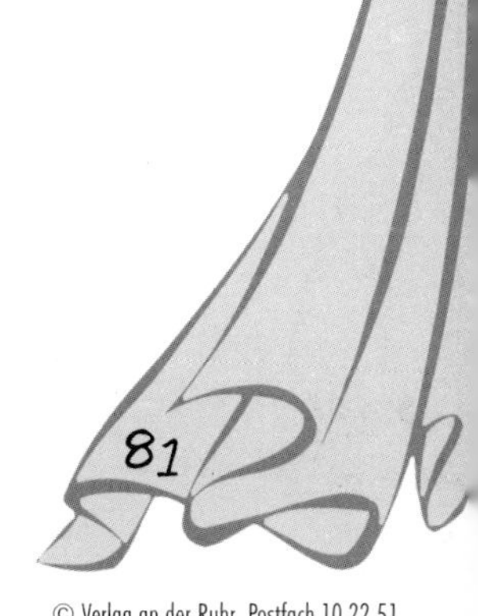

Kopiervorlage für das Schreibspiel

Opa hat Heike vergessen, er schenkt ihr ____________________

und sagt dazu: ____

Heike hat Papa vergessen, sie schenkt ihm __________________

und sagt dazu: ____

Papa hat Oma vergessen, er schenkt ihr ____________________

und sagt dazu: ____

Oma hat Opa vergessen, sie schenkt ihm ___________________

und sagt dazu: ____

Vorspielen

Die Kinder verteilen untereinander die Rollen von Opa, Heike, Papa und Oma. Sie üben die Szene, die sie aufgeschrieben haben, einmal durch und spielen anschließend der Gruppe vor.

Weihnachtswunsch

Mit Musikuntermalung:

Suche dir eine ruhige Ecke im Raum,
ganz allein, wo dich niemand zwickt und zwackt.
Schreibe jetzt auf, was du dir zu Weihnachten wünschst.
Zeichne dein meistersehntes Weihnachtsgeschenk
auf ein großes Blatt ohne Namen.
Beim nächsten Mal werden wir raten,
wer sich was gewünscht hat.

Sag die Wahrheit!

Material

- Musik
- Klebeetiketten
- Bilder mit Weihnachtswünschen aus der 1. Spieleinheit
- Wahrheit/Lüge-Karten (jeweils fünf Karten mit je der Aufschrift „Lüge" und „Wahrheit")
- Schreibpapier für die Wanderbriefe
- Stifte

Entwicklungsschritte

In der **zweiten Spieleinheit** geht es um sensible Kommunikation: die Wahrheit sagen oder lügen, Ehrlichkeit und Schmeichelei, das Einschätzen der eigenen Menschenkenntnis, die eigene Toleranz gegenüber fremder Kritik.
Beim **Warm-up** stimmt ein Spiel über die Wahrheit, nämlich über richtige und falsche Aussagen, auf die Problematik ein.
In der **Übungsphase** geht es um das gegenseitige Kennen und Einschätzen, ums Lügen und Ehrlichsein und um das Interessiertsein an anderen.
Denn in dem Theaterstück soll herauskommen, dass die Familienmitglieder kein echtes Interesse aneinander haben und deshalb so verletzend und verletzt sind.
In der **„Schmeichelzeit"** werden angenehme Seiten reflektiert und genossen. Anschließend stellen wir uns im **Gedankenspiel** unserer eigenen Realität: Vertragen wir nur Schmeicheleien oder auch herbe Kritik?
Der **Wanderbrief,** den jedes Kind am Schluss der Stunde erhält, soll ihm wieder eine positive Rückmeldung über sich selbst bringen, gute Laune und Selbstvertrauen vermitteln.

Durchführung

 Richtig oder falsch

Die Gruppe wird in zwei Hälften geteilt, die Kinder stellen sich zu einer Gasse auf, die Gesichter zueinandergewandt. Ein Spielleiter oder ein beauftragtes Kind stellt eine Behauptung auf, die nur richtig oder falsch sein kann (z.B. „Erika ist ein Junge“, nicht aber „Erika ist lustig“). Ist die Behauptung richtig, fangen die Kinder der einen Reihe die Kinder der anderen Reihe. Ist die Behauptung falsch, läuft das Fangen andersherum.

 Bildergalerie

Jeder bekommt so viele Klebeetiketten wie Mitglieder in der Gruppe sind und schreibt die Namen darauf. Nun ordnet er seine Aufkleber den Bildern mit den Weihnachtswünschen zu, die zum Ausklang der letzten Stunde gemalt wurden. Wer wünscht sich wohl was? Wie viele Treffer hat jeder gelandet? Wer kennt die anderen gut, wer kennt sie schlecht? Welcher Spieler wurde am wenigsten seinem Weihnachtswunsch zugeordnet.

 Interview

Der Spieler, dessen Weihnachtswunsch bei der „Bildergalerie“ am wenigsten erkannt wurde, wird nun von den anderen Kindern interviewt. Ganz einfache Fragen werden gestellt: zum Alter, zur Familie, zu den Hobbys usw. Er bekommt zehn Karten, auf denen fünfmal „Wahrheit“ und fünfmal „Lüge“ draufsteht. Er darf lügen oder die Wahrheit sagen. Wahrheit oder Lüge teilt er nur einem „Assistenten“-Kind mit, indem er ihm die richtige Karte gibt. Nun muss die Gruppe zu jeder Aussage Stellung nehmen und sich einigen: Lüge oder Wahrheit? Hat die Gruppe richtig getippt, muss der Assistent die Karte an die Gruppe abgeben.

 Schmeichelzeit

Die Kinder bilden einen inneren und einen äußeren Stuhlkreis. Jeder sitzt einem Partner gegenüber.
Jedes Kind im Innenkreis sagt nun dem Kind im Außenkreis etwas Nettes. Es können Dinge sein, die sich auf den Charakter, Taten oder das Aussehen beziehen. Danach bedanken sich die Kinder beieinander. Auf ein akustisches Signal hin (Triangel, Klatschen) rutscht der äußere Kreis nach links, zum neuen Gegenüber.

 Gedankenspiel

Alle Kinder liegen auf dem Boden, auf dem Bauch.
Lassen Sie eine ruhige Musik laufen.

Du hast jetzt viele angenehme Dinge über dich gehört.
Du hast es genossen und dich dafür bedankt.
Ob alles wirklich ehrlich war oder nur eine Schmeichelei?
Stell dir vor, dir sagt jemand eine ganz unangenehme Wahrheit.
Eine Wahrheit, die du gar nicht hören willst.
Z.B.: „Igitt, du stinkst aus dem Mund!" –
„Du warst der feige Kerl, der den Erstklässler neulich aus dem Bus gestoßen hat und es nicht zugegeben hat!"
„Du hast deinen Hamsterkäfig zwei Wochen lang nicht geputzt und dem Hamster zwei Tage kein frisches Wasser gebracht!"
Welche unangenehme Wahrheit könnte jemand zu dir sagen?
Wie gehst du damit um? Haust du dem anderen eine runter?
Fängst du an zu zetern? Wirst du ganz traurig oder gerätst du in Wut? Streitest du alles ab, gibst du alles zu?
Wie hilfst du dir aus einer solchen Situation?
Wie kannst du Kritik verdauen?
(Stellen Sie die Musik etwas lauter und geben Sie den Kindern Zeit zum Nachdenken.)
Setzt euch jetzt auf und schaut euch an.
Ihr habt einander viele nette Dinge gesagt.
Wem würdest du eine unangenehme Wahrheit sagen?
Wie würde er reagieren?
Denke darüber nach.

C AUSKLANG

Wanderbriefe

Zum Ausklang nach dem Gedankenspiel können die Kinder mit den Wanderbriefen eine positive Rückmeldung über sich selbst bekommen.

Wir schütteln diese trüben Gedanken feste ab
und kehren zurück zu unseren angenehmen Seiten.
Denn je mehr du weißt, dass die anderen dich mögen und achten, desto besser kannst du auch mit Kritik umgehen.
Schreibe also deinen Namen auf ein Blatt
und gib es nach links weiter.
Jeder schreibt jedem etwas Angenehmes auf dessen Brief.
Wenn das Blatt die Runde gemacht hat, darf der Besitzer es mitnehmen und über sein Bett hängen.

3. Spieleinheit

Fadenscheinige Ausreden und unangenehme Wahrheiten

Material

- Schreibpapier
- Stifte
- beschriebene Karten vom Schreibspiel aus der 1. Spieleinheit

Entwicklungsschritte

In dieser Spieleinheit werden die Erfahrungen aus den ersten beiden Spieleinheiten zusammengeführt. **Zwei Szenen** des Stückes werden schon verwirklicht: Das Annehmen und das Ablehnen eines Geschenkes. Beim **Warm-up** suchen die Kinder ein Spiel der letzten Stunden aus. In der **Übungsphase** wird der persönliche Bezug hergestellt: Was mag *ich* eigentlich nicht? Anschließend wird damit gespielt: Wie manifestieren sich Falschheit und Ehrlichkeit als Körperhaltung beim Annehmen und später beim Ablehnen der ungeliebten Geschenke? Nun wird das Stück aufgebaut, denn die Geschenke und Personen sollen im Stück zueinander passen. Zum **Ausklang** gibt es diesmal nicht Entspannung oder Besinnung, sondern eine „Hausaufgabe“: Und zwar die **Szenenvorlage,** die mit eigenen Ideen und Gedanken gefüllt werden soll.

Durchführung

A WARM-UP

Spielzeit

Je nach Wunsch der Kinder wird ein Spiel der letzten Stunde wiederholt, z.B. „Richtig oder falsch“.

B ÜBUNGSPHASE

Experimentieren und erfahren

Teil 1: Die Kinder schreiben eine Liste mit Geschenken, die sie ganz bestimmt nicht zu Weihnachten bekommen wollen.
Teil 2: Ein Kind setzt sich auf einen Stuhl und legt seine Geschenke-Liste offen vor sich hin. Die Mitspieler lesen die Liste und beschenken ihn sprachlich und pantomimisch mit lauter Sachen, die er gar nicht mag. Die Schenker überlegen sich dazu auch noch scheinheilige Ausreden, z.B. „Hallo, Matthias, ich schenke dir einen Dino, du sammelst doch altes Spielzeug.“ Der Beschenkte nimmt höflich die Geschenke an.

Teil 3: Nach jedem Durchgang wird die Gruppe aufgefordert, an den eben „Beschenkten“ zu denken und auf ein Klangzeichen hin aus der Bewegung heraus zu erstarren. Sagen Sie:
Welche Körperteile sind jetzt verspannt? Wie fühlst du dich? Verstärke jetzt willentlich die Verspannungen, die du spürst! … Und lasse wieder ganz locker!
Teil 4: Jetzt machen wir das gleiche Experiment noch einmal, aber der Beschenkte sagt den Schenkenden die Wahrheit. Z.B. „Hallo, Matthias, ich schenke dir einen Dino, du sammelst doch altes Spielzeug!“ Matthias: „Aus welcher Mottenkiste hast du den herausgezogen! Ausgerechnet Dinos mag ich überhaupt nicht! Behalte ihn selber!“
Teil 5: Wieder erstarrt die Gruppe auf ein Klangzeichen hin nach jedem Durchgang und achtet auf Körperverspannungen, verstärkt diese und lässt wieder locker.
Warst du beim ersten oder zweiten Experiment mehr verspannt?

 Übung zum Aufbau des Stückes

Hier werden die Blätter vom Schreibspiel (siehe Kopiervorlage S. 82) aus der ersten Spieleinheit benötigt, die die Kinder ausgefüllt haben.

Beispiel:
Opa hat Heike vergessen, er schenkt ihr einen Hammer
und sagt dazu: „Du bist so kräftig wie ein richtiger Junge!“
Heike hat Papa vergessen, sie schenkt ihm Zigaretten
und sagt dazu: „Das war doch schon immer deine Lieblingsmarke!“
Papa hat Oma vergessen, er schenkt ihr Feinstrumpfhosen
und sagt dazu: „Damit kannst du wieder einmal schick ausgehen!“
Oma hat Opa vergessen, sie schenkt ihm Badesalz
und sagt dazu: „Da kannst du mal so richtig entspannen!“

Die Kinder bilden wieder die Vierergruppen.
Jede Gruppe sucht sich ein beschriebenes Blatt aus oder füllt ein neues Blatt aus. Dann spielen sie eine der Szenen in zwei verschiedenen Versionen: Einmal nehmen die Spieler höflich die Geschenke an, einmal lehnen sie sie ab.

Beispiel für die Version „Ablehnen":
Opa hat Heike vergessen, er schenkt ihr einen Hammer
und sagt dazu: „Du bist so kräftig wie ein richtiger Junge!"
Heike antwortet: „Hast du immer noch nicht gemerkt,
dass ich ein Mädchen bin?"
Heike hat Papa vergessen, sie schenkt ihm Zigaretten
und sagt dazu: „Das war doch schon immer
deine Lieblingsmarke!"
Papa antwortet: „Aber Heike, ich rauche doch schon seit einem
halben Jahr nicht mehr! Soll ich womöglich wieder anfangen?"
Papa hat Oma vergessen, er schenkt ihr Feinstrumpfhosen
und sagt dazu: „Damit kannst du wieder einmal schick ausgehen!"
Oma antwortet: „Mit wem soll ich denn fein ausgehen?
Führst du mich aus?"
Oma hat Opa vergessen, sie schenkt ihm Badesalz
und sagt dazu: „Da kannst du mal so richtig entspannen!"
Opa antwortet: „Ich kann doch seit langem nicht mehr selbst
in die Wanne steigen, wie soll ich dann baden?"

Die Szenenvorlage

Jetzt ist das Weihnachtsstück schon fast fertig!
Die Kinder bekommen die Szenenvorlage (siehe Textbeispiel S. 95, 96) mit nach Hause, können sie bis zur nächsten Stunde lesen und dann selber Vorschläge dazu einbringen.

Szenenvorlage und Rollenwahl

Material

- Musik nach Wahl
- Szenenvorlage (Textbeispiel S. 95, 96)
- leere Pappkarten (für Rollenkarten)
- dicke Stifte
- ein zum Kreis gebundenes Seil
  (Krepppapier, zum Kreis geklebt, tut es auch)

Entwicklungsschritte

Die Erfahrungen der Kinder mit dem Geben und Annehmen falscher Geschenke, mit Höflichkeit und Direktheit werden beim **Warm-up** wieder präsent. In der **Übungsphase** erhalten die Spieler durch die **Szenenvorlage** einen Überblick über das ganze Stück und bearbeiten Szenen, die bisher noch nicht vorgekommen sind. Es folgt die **Rollenwahl,** die diesmal eng mit der Gestaltung des Stückes zusammenhängt. Die Reihenfolge der Personen und der einzelnen Geschenke ist für den Ablauf wichtig und muss für alle Spieler einsichtig werden. Je nach Gruppe ist dafür eine weitere Spieleinheit nötig.

Durchführung

Geschenkespiel

Geht zur Musik durch den Raum!
Bei jedem Stopp sucht ihr ein anderes Kind aus und tut so, als ob ihr euch gegenseitig etwas schenkt.
Nehmt ganz höflich die Geschenke an!
Beim zweiten Durchgang dürft ihr euch gegen die Geschenke wehren, aber nur mit sprachlichen Mitteln, nicht mit dem Körper.
Damit ihr daran denkt, tragt ihr euer „Geschenk" auf den gefalteten Händen und lasst es nicht fallen!

Die Szenenvorlage

Die Szenenvorlage wird gemeinsam durchgelesen und im Sitzkreis Szene für Szene gespielt.
Die Szene, in der der Vater versucht, ein Weihnachtslied anzustimmen, wird mehrfach gespielt (vgl. Textbeispiel S. 95, 96).

Wer spielt welche Rolle?

Legen Sie leere Karten, dicke Stifte und ein zum Kreis gebundenes Seil in die Mitte des Sitzkreises. Zuerst überlegen alle gemeinsam, was man tun kann, wenn bei der Rollenverteilung Streit oder Probleme auftreten. Danach schreiben die Kinder ihre Wunschrolle mit dem jeweiligen Geschenk, das die Person erhält, groß auf eine Karte und legen die fertigen Rollenkarten auf die Kreislinie.

Folgende Problemfälle und mögliche Lösungen bei der Rollenwahl sollten durchgesprochen und evtl. schriftlich festgehalten werden:

Was machen wir, wenn mehrere Kinder die gleiche Rolle spielen wollen? Z.B.:

- einen anderen Namen für das Familienmitglied finden (z.B. Tante Gloria und Tante Agathe)
- eine andere Rolle aussuchen, aber das gleiche Geschenk geben
- eine neue Person und ein neues Geschenk erfinden
- auslosen, wer die Rolle spielen darf
- Rollenwahl durch die ganze Gruppe bestimmen

Was machst du, wenn du deine Lieblingsrolle nicht bekommst?

- Gehst du dann stillschweigend aus der Gruppe, weil du sauer bist und denkst: „So ein Sauhaufen, diese Theatergruppe!"?
- Störst du die andern bei der Probe und denkst: „Das geschieht ihnen recht!"?

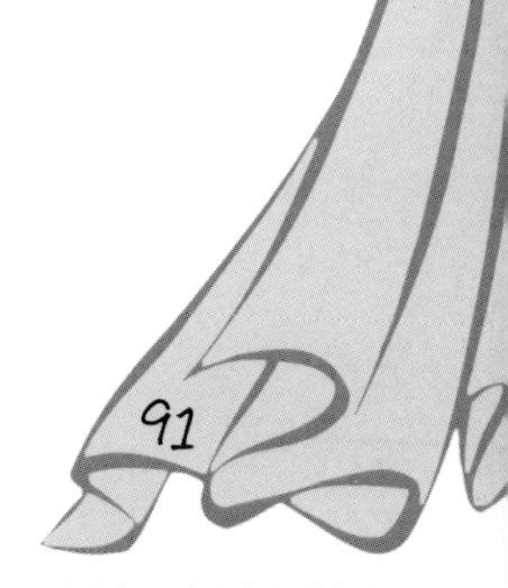

oder

- Machst du dir eine andere Rolle zur Lieblingsrolle?
- Sagst du laut: „Nein danke! Meine Mitarbeit in der Gruppe ist beendet!"
- Verhandelst du um gute Bedingungen mit den anderen Spielern?

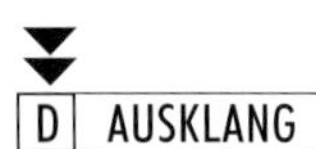

D AUSKLANG

Stuhl der Zufriedenheit

Führen Sie die Übung „Stuhl der Zufriedenheit" (siehe S. 14) mit den Kindern durch.

5. Spieleinheit

Ausarbeitung des Stückes

Material

- Rollenkarten aus der 4. Spieleinheit
- Schemadarstellung für den Verlauf des Stückes, groß kopiert bzw. groß auf ein Plakat gezeichnet (siehe S. 97)

Entwicklungsschritte

In dieser Einheit werden die bisher erarbeiteten Szenen stichpunktartig von Ihnen in die **Schemadarstellung** für den Verlauf des Stückes (S. 97) aufgeschrieben. Die Rollen und Aussagen sind hier im Kreis dargestellt, damit die Abfolge des Stückes von Anfang an klar ist. Diese Schemadarstellung sollten Sie groß kopieren bzw. selber groß auf einem Plakat aufzeichnen und gut sichtbar aufhängen. So haben die Kinder immer eine Orientierungshilfe über den Ablauf des Stückes.

Die in der 4. Spieleinheit festgelegten Rollen werden nun noch einmal in der Gruppe diskutiert und die **Dialoge endgültig mit** Hilfe von stichpunkartigen **Rollenkarten** (s. u.) **festgehalten**. Anschließend wird die **Rolle des „Engels der Wahrheit"** besprochen.

Durchführung

A ROLLENWAHL 1

Die Familienrolle

Die Rollenkarten aus der 4. Spieleinheit werden in den Sitzkreis gelegt. Dann werden Verhandlungen geführt, wer wen womit beschenkt und was dieser dazu sagt.
Die Kinder sammeln Argumente und Gegenargumente von Schenkern und Beschenkten für die „Last-Minute-Geschenke".
Die Kinder sollen möglichst viele Argumente finden und sich erst nach dem Durchdenken vieler Möglichkeiten festlegen.
Schreiben Sie dann für jedes Kind seine Rolle, Geschenk und Monolog auf ähnliche Rollenkarten, wie Sie sie hier sehen.

ROLLENKARTE

________________ hat

________________ vergessen.

Er/Sie schenkt ihr/ihm

____

und sagt:

____

____

Vorlage für eine Rollenkarte

B ROLLENWAHL 2

Der „Engel der Wahrheit"

Bei der Einführung des „Engels der Wahrheit" können Sie und die Kinder sich an der Rolle in der Szenenvorlage S. 95, 96 orientieren (Auftritt des Engels im schwarzen Umhang, Berührung der Münder der Familienmitglieder).
Die Rolle des Engels kann jedoch auch abgewandelt bzw. evtl. Dialoge mit den Familienmitgliedern entwickelt werden.
Einigen Sie sich mit den Kindern darauf, wer die Rolle des Engels übernehmen kann.

6. & weitere Spieleinheiten:

Probenarbeit

Jetzt kann mit den Proben fürs Vorspielen begonnen werden (siehe weitere Tipps für die Proben im Kapitel „Vom Spielen zum Vorspielen", S. 7–17)

Material

* großer Teppich und Wohnzimmermöbel
* Christbaum
* CD-Player oder Kassettenrekorder mit Tanzmusik
* kleine Tische für die Geschenke
* schön verpackte Geschenke (nur Attrappen, ohne Inhalt)
* Namensschilder für jedes Familienmitglied, die auf die Geschenketische gestellt werden
* Tischdecken
* Stern (z.B. aus Pappe) an kleinem Stab für den Engel der Wahrheit

Kostüme

Die Kinder können für ihre Rolle „typische" Kleidungsstücke mitbringen (z.B. Rock und Bluse für die Mutter, Krawatte und Jackett für den Vater, Pullover für den Opa usw.). Der Engel der Wahrheit bekommt einen schwarzen Umhang.

Beispiel für eine **Szenenvorlage** zu „Die Bescherung"

1. Szene

Eine Familie bereitet sich auf den Weihnachtsabend vor. Jeder zaubert irgend etwas völlig Überflüssiges hervor, das er noch schnell für ein Familienmitglied, das er vergessen hat, besorgt hat. (Z.B.: „Huch, den Opa hab ich ja ganz vergessen! Was hab ich denn noch, was hab ich denn noch? Da, einen Schulfüller in Originalverpackung! Ich brauche ihn nicht, weil ich schon vier Füller habe. Und ob Opa den brauchen kann, das ist mir egal. Hauptsache, ich habe ein Geschenk!") So werden der Reihe nach alle Familienmitglieder einzeln gezeigt.

2. Szene

Beim Weihnachtsfest überreicht nun einer nach dem anderen sein „Last-Minute-Geschenk" mit einer fadenscheinigen Ausrede. Die Beschenkten bedanken sich mit einem gequälten Lächeln. Nun hat der Vater die Idee, ein Weihnachtslied zu singen, aber sie singen falsch und dünn. Papa reicht es, und er will eine CD mit Weihnachtsmusik auflegen. Aber der CD-Player geht nicht. Was sollen sie jetzt machen?

3. Szene

Die Türklingel geht. Alle regen sich auf, dass am Heiligen Abend jemand stört. In Wirklichkeit sind sie froh, dass ihre Langeweile unterbrochen wird und sie zeigen können, wie sauer sie sind. Jemand klingelt Sturm, wer soll aufmachen? Doch die Tür geht von selbst auf. Das Licht am Weihnachtsbaum verlöscht, es ist düster im Zimmer, man hört langsame, bedrohliche Schritte. Alle fangen an zu zittern. Eine Person im schwarzen Umhang betritt den Raum.

4. Szene

Die Familienmitglieder fragen, wer das sei. Es ist der Engel der Wahrheit. Er berührt mit einem leuchtenden Stern nacheinander jedes Familienmitglied an seinem Mund. Der Berührte sagt seinem „Schenker" die Wahrheit. (Z.B. Opa: „Florian, was soll ich mit einem Füller anfangen! Meine Hände zittern ja schon so, dass ich nur noch mit Bleistift oder Kuli schreiben kann!")

5. Szene

Der Engel der Wahrheit wirft seinen schwarzen Umhang ab, das Zimmer wird wieder heller. Die Familienmitglieder entschuldigen sich beieinander. Mama entdeckt auf der alten Kassette, die die Tante einem Kind geschenkt hat, ein Lied, auf das sie mit Papa getanzt hat, als sie sich kennen gelernt haben. Die Kassette wird eingelegt. Mama und Papa tanzen. Der Engel geht aus der Szene an den Bühnenrand.

6. Szene

Die Kinder staunen: Mama und Papa haben sich lieb! Zwar streiten sie oft miteinander, aber jetzt ist deutlich zu sehen, dass sie sich lieb haben. Die Geschwister sagen sich, dass sie sich zwar auch oft übereinander ärgern, aber dass sie sich doch auch lieb haben. Scheinbar mögen sich die Familienmitglieder doch! Die Lichter am Christbaum gehen an und alle tanzen miteinander.

7. Szene

Freeze (Alle erstarren in der Bewegung):
Der Engel der Wahrheit sitzt an der Bühnenrampe und sagt:
„K e i n Weihnachtslied ist manchmal auch eins!"

Schemadarstellung
für den Verlauf des Stückes

Vergrößern Sie das Arbeitsblatt von Seite 97 auf DIN-A3-Format bzw. übertragen Sie es auf ein großes Plakat!
Füllen Sie dann mit den Kindern zusammen die Darstellung mit den entsprechenden Rollen, Geschenken und Aussagen der Schenker/Beschenkten aus. So haben die Kinder immer eine Orientierungshilfe über den Ablauf des Stückes.

SZENEN-ANFANG

Schenker:
Beschenkter:
Geschenk:
Begründung des Schenkers:
Ablehnung des Beschenkten:

Schenker:
Beschenkter:
Geschenk:
Begründung des Schenkers:
Ablehnung des Beschenkten:

Schenker:
Beschenkter:
Geschenk:
Begründung des Schenkers:
Ablehnung des Beschenkten:

Schenker:
Beschenkter:
Geschenk:
Begründung des Schenkers:
Ablehnung des Beschenkten:

Schenker:
Beschenkter:
Geschenk:
Begründung des Schenkers:
Ablehnung des Beschenkten:

SZENEN-ENDE

Schenker:
Beschenkter:
Geschenk:
Begründung des Schenkers:
Ablehnung des Beschenkten:

Passender Schluss-Satz

Engel der Wahrheit

Textbeispiel für die Hand des Spielleiters „Die Bescherung"

Dieses Textbeispiel für sieben Spieler (sechs Darsteller, ein „Techniker" für Licht und Musik) kann ohne Probleme erweitert werden.
Sollten mehr als 12 Darsteller mitspielen, können Sie, um Langatmigkeit zu vermeiden, Paare einführen, die zusammen beschenkt werden (z.B. Oma und Opa, Tante und Onkel, die Zwillinge Pit und Paul).
Sie können auch den Engel von bis zu vier Kindern spielen lassen.
Außerdem ist es möglich, einen Anrufer einzuführen, der ständig stört, oder ein Haustier, das sich laut seinen Teil denkt, von der Familie aber nicht wahrgenommen wird.

Szene 1: Mein Geschenk für dich

Ein Familienmitglied nach dem anderen trägt seine Geschenke an einzelne Tischchen, auf denen sich Schilder mit den Namen der Beschenkten befinden. Jeder legt sein Geschenk dazu.
Jeder hat ein Familienmitglied vergessen.

Karl: *Huch, ich habe Opa vergessen! Was habe ich denn noch … Ach ja, einen originalverpackten Schulfüller! Ich hole ihn schnell!* (ab)

Opa: (zählt alle Personen auf und legt seine Geschenke auf die Tische) *Hmm! Ich habe doch glatt meine Enkeltochter Franziska vergessen. Bestimmt finde ich noch etwas für sie.* (ab)

Franziska: (teilt aus) *Papa! Ach ja, ich habe ja noch die Zigarren, die ich ihm zum Geburtstag schenken wollte.* (ab)

Papa: *Oh je, oh je! Ausgerechnet meine Frau habe ich vergessen! Na, dann hole ich bei Karl wieder eine CD-ROM vom Geschenktisch. Er hat sowieso genug von mir bekommen!*

Mama: *Na, bist du fertig mit Austeilen? Ich finde nichts Passendes für deine Schwester Gloria. Jetzt habe ich ihr eben das Badesalz besorgt!*

Papa: *Ist doch auch egal!*
Hauptsache, sie bekommt irgendwas!
Na, können wir die Christbaumbeleuchtung
schon anschalten?
Mama: *Moment noch, lass Gloria ihre Geschenke*
noch auslegen! (beide ab)
Tante Gloria: *Meine Güte, den Karl hab ich vergessen!*
Ich packe ihm einfach eine alte Kassette von mir ein! (ab)

Szene 2: Der Weihnachtsabend

Die Eltern kommen ins Zimmer, Vater schaltet die Christbaumbeleuchtung an, Mutter klingelt mit dem Weihnachtsglöckchen. Alle betreten das Zimmer, mit den vergessenen Geschenken in die Händen.

Karl: *Opa, das ist für dich!*
Da kannst du Briefe schreiben!
Opa: *Da bin ich aber gespannt, was du für mich*
ausgesucht hast! (wickelt aus) *Ach, einen Füller!*
(säuerlich freundlich) *Wie nett von dir, danke! –*
Franziska, schau mal, was ich für dich habe!
Franziska: *Ja, Opa? Danke, Opa!*
Darf ich dein Geschenk gleich auspacken?
Opa: *Aber natürlich!*
Franziska: *Eine Säge!*
Opa: *Freust du dich gar nicht?*
Du wärst doch viel lieber ein Junge, nicht wahr?
Darum habe ich dir ein Werkzeug geschenkt.
Franziska: *Doch, doch, danke! Das kann ich brauchen!*
– Papa, das ist für dich!
Papa: *Das sieht ja aus wie ein Zigarrenkistchen! Hmm!*
Franziska: *Ach so, du rauchst nicht mehr!*
So zwischendurch kannst du ja eine rauchen!
Papa: *Hm, so zwischendurch … Ich kann sie ja anbieten,*
wenn Besuch kommt.
Elvira! Du wolltest doch was für deine Bildung tun.
Mama: *Tatsächlich, Elmar, habe ich das gesagt?*

Papa: *Ja, erst neulich hast du mit Opa darüber gesprochen.*

Mama: *Ja dann, danke schön! Was ist es denn? Ein Weltatlas auf CD-ROM. Hm? Gloria, das ist für dich! Damit du dich ein bisschen verwöhnen kannst!*

Tante Gloria: *Mmh! Das riecht fein! – Badesalz! Danke vielmals! – Karl, komm zu mir! Ich habe für dich auch eine Kleinigkeit.*

Karl: *Danke, Tante Gloria. – Oh, eine Musik-Kassette! Die hören wir nachher an!*

Alle kramen lustlos in ihren Geschenken.

Mama: *Tja, was machen wir jetzt?*

Papa: *Wir singen ein Weihnachtslied! Drei, vier!*

Jeder fängt ein anderes Lied an.

Papa: *Wir singen „Ihr Kinderlein kommet!" Drei, vier!*

Jeder fängt in einer anderen Tonlage an.

Papa: *Das ist doch nicht die Möglichkeit! la la la laaaa – drei vier!*

Papa hat viel zu tief angestimmt.
Alle brummen und lassen die Zunge raushängen.

Karl: *Lasst uns doch die Kassette hören, die ich von Tante Gloria bekommen habe!*

Tante Gloria: *Nein, nein! Lieber nicht! Die passt nicht zu einem Weihnachtsabend.*

Mama: *Dann hören wir die Weihnachts-CD von den Nudelburger Domspatzen!*

Karl und Franziska: *Iih!*

Papa: *Keine Widerrede!
An Weihnachten ist Friede!
Da wird nicht gestritten!*

Papa fummelt am CD-Player herum und bringt die CD nicht zum Laufen.

Papa: *Dann eben nicht!*

Alle schweigen vor sich hin, räuspern sich in der unangenehmen Stille, rutschen hin und her.

Opa: *Gut, ich werde euch vom letzten Krieg erzählen, Weihnachten in eisiger Kälte, eisiges Schweigen …*

Papa: *Nicht schon wieder!*

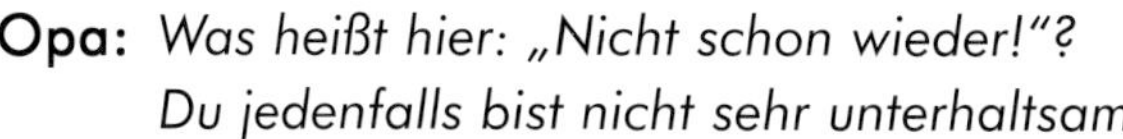

Opa: *Was heißt hier: „Nicht schon wieder!"?*
Du jedenfalls bist nicht sehr unterhaltsam
für die Familie!

Mama: (säuselt beschwörerisch) *Frieden! Weihnachtsfrieden!*

Wieder Räuspern, Hin- und Herrutschen, peinliche Stille.

Szene 3: Der Engel der Wahrheit

Es schellt an der Wohnungstür.

Mama: (entrüstet) *Wer stört uns da am Heiligen Abend!*
Das ist doch allerhand!

Tante Gloria: *Eine Unverschämtheit ist das!*

Papa: *Den werden wir kurzerhand hinausbugsieren!*

Opa: *Das tut man doch nicht, am Weihnachtsabend*
bei wildfremden Leuten klingeln!

Karl: *Jetzt ist endlich was los hier!*

Franziska: *Jetzt sind alle wieder so giftig wie das ganze Jahr über!*
Es ist zum Davonlaufen!

Ein Engel mit einem schwarzen Umhang kommt ins Wohnzimmer. Es ist der Engel der Wahrheit. Er herrscht die Familie an wie bei einem Verhör.

Engel: *Setzt euch und schaut euch an!*
Was habt ihr euch wirklich zu sagen?

Alle sitzen starr, bis der Engel sie mit einem Sternenstab am Mund berührt.

Opa: *Karl, du gedankenloser, liebloser Junge!*
Hättest du mir doch nichts geschenkt!
Siehst du nicht, wie meine Finger zittern?
Ich kann gar nicht mehr mit deinem blöden
Füller schreiben. Du denkst wohl, ich sollte baldigst
mein Testament schreiben! Du wirst nicht drin
vorkommen, du frecher Kerl!

Franziska: *Und du, Opa, du hast mir eine Säge geschenkt,*
die du übrig gehabt hast. Du hast nicht eine Minute
nachgedacht, was mir wirklich gefallen könnte.
Du magst mich gar nicht und bedauerst noch
heute, dass ich kein Junge geworden bin!

Papa: *Du musst gerade reden, Franziska!*
Hast du nicht gemerkt, wie viel Mühe es mich gekostet hat, das Rauchen aufzuhören,
und du schenkst mir Zigarren!
Das ist allerhand!
Du bist ja völlig gefühllos!

Mama: *Kehre nur erst mal vor deiner eigenen Tür!*
Das ist der Gipfel der Gleichgültigkeit,
wenn du mir eine CD-ROM für meine Bildung schenkst!
Blöde bin ich nur, weil ich in dieser Familie das Arbeitstier spiele statt mich selbst zu verwirklichen!
Wer ist da blöde?
Doch jemand, der dem andern eine CD-ROM schenkt,
obwohl er gar keinen Computer hat!
Mir reicht's von dir, von allen hier!

Tante Gloria: *Binde dir doch gleich einen Heiligenschein um!*
Du bist die Gute, wir sind die Bösen!
Du hast mir Badesalz geschenkt, obwohl du weißt, dass ich in meiner kleinen Wohnung nur eine Dusche habe! Nein, besonders schlimm ist das nicht.
Aber mir hat es schon weh getan!

Engel: *Weh getan! Da staunt ihr, dass ihr euch*
mit euren Geschenken weh getan habt!
Ganz verbittert und verkrampft sitzt ihr da.
Dabei könntet ihr so schön zusammen feiern!

Szene 4: Die Wende

Karl: *Entschuldige, Opa!*

Opa: *Das war gedankenlos von mir, Franziska!*

Franziska: *Ich war ja richtig gemein zu dir, Papa!*

Papa: *Das war ganz dumm und herzlos von mir, Elvira!*

Mama: *Gloria, ich hab zu wenig über dich nachgedacht!*

Tante Gloria: *Karl, wirf die Kassette in den Müll,*
ich hatte dich vergessen.
Es war nur ein Verlegenheitsgeschenk!

Der Engel schnippst mit den Fingern,
die Weihnachtsbeleuchtung geht wieder an.

Szene 5: Schau mal, die haben sich lieb!

Mama: *Lass mal die Kassette sehen! – Oh, Elmar!*
Horch nur! Weißt du noch die Party,
auf der wir uns kennen gelernt haben?

Mama legt die Kassette ein.
Es ertönt Tanzmusik.
Mama und Papa tanzen eng umschlungen.

Karl: (zu Franziska) *Du, die mögen sich ja noch,*
obwohl sie immer so mürrisch zueinander sind!

Franziska: *Vielleicht lieben sie sich sogar noch immer!*

Opa: *Ja, traurig ist's, wenn die Liebe*
mit den Jahren so verdunkelt wird!

Tante Gloria: *Doch heute hat uns einer ein Licht angezündet!*
Ich hab' euch alle sehr lieb, sonst würde ich mit
dieser Chaosfamilie nicht Weihnachten feiern!

Franziska: *Ich hab' euch auch sehr lieb!*

Karl: *Ich mag euch auch alle sehr gerne!*

Alle stehen auf und tanzen mit.
Langsam werden Lied und Licht ausgeblendet.

Schluss-Szene

Engel: *Komische Weihnachtsmusik, oder?*
Ihr, liebe Zuschauer, wisst, warum das
eine Weihnachtsmusik ist!

Die Musik wird noch mal laut gedreht,
die Familie steht im „Freeze" (Erstarrung in der Bewegung)
oder ist schon davongetanzt.
Der Engel tanzt von der Bühne.

4.
Theater-
stück
SONDER-
ANGEBOT!

Weihnachten im Kaufhaus

Voraussetzungen

✓ **Alter:** zwischen 8 und 12 Jahren
✓ **ideale Spieleranzahl:** zwischen 10 und 20 Spielern
✓ evtl. zusätzliche „Technikkinder", die gerne mit dem Kassettenrekorder arbeiten

Inhalt des Stückes

Adris und Lisbeth bummeln im Kaufhaus von Abteilung zu Abteilung. Sie erleben dabei ganz verschiedene Menschen, die ganz verschiedene Wünsche in sich tragen. Plötzlich erscheint ein Friedensengel mitten im Gewühl. Nun denken alle, Friede sei, wenn alle Wünsche erfüllt sind. Doch der Engel verweist die Menschen zurück auf sich selbst.

Ziel

Die Kinder üben spielerisch, genau zu beobachten, sich in andere Menschen einzufühlen und in ihre Situation hineinzudenken. Sie setzen sich kritisch mit dem alljährlichen Weihnachtsrummel in der Vorweihnachtszeit auseinander.

1. Spieleinheit

Im Kaufhaus

Material

- Kassettenrekorder mit Musik
- Schülertische
- einfache Rollenkarten (siehe Beispiele S. 126)

Raum

- ideal: großer Raum oder Saal
- Stühle und Tische am Rand

Entwicklungsschritte

Beim **Warm-up** werden spielerisch und spontan verschiedene Sozialgefüge erforscht, bis das Thema „Kaufhaus" in den Vordergrund gerückt wird.
Es folgen **Brainstorming,** pantomimisches **Ratespiel** mit Karten und ein **Aktionsspiel** zum Thema.
Hierbei können die Spieler sich in wechselnden Rollen erleben.
Im **freien Rollenspiel** bringen die Spieler die vorgegebenen Rollen (siehe Rollenkarten-Beispiele S. 126) mit ihren eigenen Erfahrungen in Verbindung. Zum Schluss wird eine **Ausdrucksübung** durchgeführt, die den Kindern die stressige und hektische Kaufhausatmosphäre verdeutlicht.

Durchführung

Rollenwechsel

Die Kinder gehen zur Musik durch den Raum.
Rufen Sie den Kindern dann einen Ort zu, an den sie sich gedanklich versetzen sollen, z.B. Fußballstadion, Krankenhaus, Schwimmbad, Räuberhöhle, Flughafen, Traumschiff, Gärtnerei, Museum u.Ä..
Jeder spielt dabei spontan die Rolle, die ihm gerade einfällt.

So kann beim Zuruf „Flughafen" der eine Flugkapitän, der andere Passagier, wieder ein anderer ein Zeitungsverkäufer sein. Der letzte Ort, den Sie den Kindern zurufen, ist das „Kaufhaus".

Menschen und Situationen

Brainstorming
Blitzschnell sagt jeder, was er im Kaufhaus kaufen kann. Blitzschnell sagt jeder, welche Menschen er im Kaufhaus treffen kann.

Ratespiel: Wer bin ich?
Bereiten Sie die Rollenkarten (Beispiele siehe S. 126) für die Gruppe vor. Jeder zieht eine Karte und stellt pantomimisch dar, was diese Person im Kaufhaus zu tun hat. Die anderen Kinder müssen raten.

Aktionsspiel
Ein Kaufhaus mit einigen Abteilungen (Tischen) wird aufgebaut. Jeder spielt jetzt die Person auf seiner Rollenkarte und bewegt sich nach eigenen Vorstellungen durchs „Kaufhaus". Regen Sie die Kinder zu folgenden Überlegungen an:
Kommst du mit den anderen in Kontakt?
Gehst du stumm und anonym um die Warenstapel?
Erkennen die anderen an deinem Verhalten deine Rolle als Verkäuferin, Abteilungsleiter, älterer Herr, Ausländer, feine Dame, Kaufhausdieb, Pommes-Verkäufer, Dekorateur, …?
Bei diesem Spiel ziehen die Kinder dreimal neue Rollenkarten.

Freies Rollenspiel
Welche Rolle spielst Du im Kaufhaus am liebsten?
Jeder sucht sich seine Lieblingsrolle aus und entwickelt sie im freien Rollenspiel.

C AUSKLANG

Ausdrucksübung „Maschine“

Die Kinder sitzen im Kreis.
Bereiten Sie sie auf die folgende Ausdrucksübung vor:

Die meisten Leute, die du im Kaufhaus beobachtest, sind nicht gerade topfit! Der eine muss schwer tragen, dem Nächsten tun die Beine weh, die Verkäuferin ist von der Musik ganz beduselt, die Kinder sind voller Wünsche, und wie warst du gerade in deiner Rolle?
Zeige es mit einer Geste/Bewegung und mit einem Laut!
Wer einen Laut und eine Geste gefunden hat, kommt in die Mitte und wiederholt ständig seinen Laut und seine Geste. Der nächste berührt denjenigen und fügt seine Geste und seinen Laut dazu. Wenn immer mehr Spieler dazukommen, entsteht eine richtige „Maschine“ aus Stress, Hektik, Lärm, Kaufrausch, Wünschen usw. – eine richtigen Maschine mit Kaufhausgefühlen.

Beobachtungsaufgabe als Hausaufgabe:
Wenn du das nächste Mal zum Einkaufen in die City mitfahren darfst, dann beobachte einmal die Leute beim Einkaufen und Verkaufen!
Nimm ein kleines Blöckchen mit und schreibe auf, was du bemerkst und wer dir im Kaufhaus besonders auffällt.

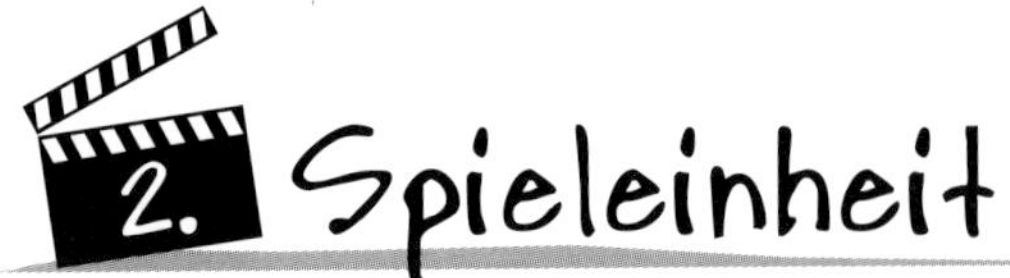

Kaufhausatmosphäre

Entwicklungsschritte

Wir üben, uns unauffällig zu bewegen und unauffällig zu beobachten. Allerdings ist das Spiel **„Rendezvous der Kaufhausdiebe"** so interessant und spannend, dass es weit über den Rahmen eines **Warm-up** hinausgeht!
Wenn Sie nicht so viel Zeit zur Verfügung haben, sollten Sie besser ein kürzeres Beobachtungsspiel wählen (siehe **Alternative** S. 111).
Im **Übungsteil** werden die Spieler animiert, genau zu beobachten und die Beobachtungen in die Theaterstunde mitzubringen.
Dann wenden wir uns der Atmosphäre im Kaufhaus zu: der Hintergrundmusik, den Werbesprüchen, dem Schilderwald und erforschen im **Ausklang,** was das alles mit unseren kleinen und großen Wünschen zu tun hat.

Material

- Sicherheitsnadeln oder Klebepunkte
- Nummernkärtchen (mit Zahlen, so viel wie Kinder da sind; je Zahl zwei Karten)
- Purzelsätze (siehe Beispiele S. 133, 134)
- Weihnachtskassette
- Kassettenrekorder
- Mikrofon
- Wachskreiden oder dicke Filzstifte
- Karton/Pappe

Durchführung

Rendezvous der Kaufhausdiebe

Die Kinder werden in zwei gleich große Gruppen eingeteilt. Die Gruppe der Kaufhausdiebe zieht Nummern und zeigt die Nummern auch her.

Die Gruppe der Detektive zieht ihre Nummern verdeckt. So weiß jeder Detektiv, welchen Dieb er verfolgen muss, aber die Diebe wissen nicht, wer sie verfolgt. Jetzt werden die Detektive hinausgeschickt und den Dieben werden mit Sicherheitsnadeln/Klebepunkten die einzelnen Wörter der „Purzelsätze" (siehe Beispiele S. 133, 134) durcheinander auf die Kleidung geheftet, z.B.: „Ich habe in der Schreibwarenabteilung grüne Tinte getrunken." – „Ich habe in der Parfümerie eine Flasche zerbrochen" – „Ich habe am Obststand meine Oma verkauft".
Wenn alle Diebe ihre Wörter durcheinander angeheftet haben, werden die Detektive hereingerufen. Sie gehen langsam zwischen den Dieben umher und dürfen sich nicht anmerken lassen, wen sie beobachten. Denn wenn der Dieb den Detektiv entlarvt – der Beweis ist die gleiche Nummer – hat der Detektiv verloren. Die Detektive müssen also lesend und kombinierend die Missetat ihres Diebes herausfinden und sie ihm sagen.

Alternative
Zwei Partner stehen sich gegenüber und sehen sich an. Ein Partner dreht sich um. Schnell verändert der andere Partner eine Sache an sich selbst. Der erste Partner rät nun, was sich verändert hat.

Hausaufgabengespräch

Fragen Sie, wer inzwischen Beobachtungen in einem Kaufhaus gemacht hat. Die Personen, die die Kinder beobachtet haben, werden auf neue Rollenkarten geschrieben.

Übung „Kaufhausdurchsage"

Wer weiß, was in einem Kaufhaus alles über Lautsprecher erklingt?
Lassen Sie eine kitschige Weihnachtsmusik laufen und drehen Sie dann leise. Das Mikrofon wird von Kind zu Kind gereicht. Jeder der möchte, kann eine „Kaufhausdurchsage" machen.

Auftrag
Eine Kleingruppe oder zwei Partner werden beauftragt, für das Weihnachtsstück eine Kassette mit Weihnachtsmusik und Kaufhausdurchsagen herzustellen.

Kaufhausdekoration

Wir malen unsere Weihnachtswünsche als Sonderangebote auf Karton/Pappe. Die fertigen Schilder werden später als Dekoration beim Theaterstück aufgehängt.

Menschen im Kaufhaus – Rollenklärung

Entwicklungsschritte

Im **Warm-up** spielen wir uns aufeinander ein:
Ein Blick soll genügen, dass der andere Spieler reagiert!
Das ist die beste Voraussetzung für das freie Theaterspielen.
Im **Übungsteil** klären wir dann in Interviews die verschiedensten Rollen und erfahren, wie wir die Aufmerksamkeit der Zuschauer fesseln und Sprache hervorheben durch einen Wechsel von Bewegung und „Freeze" (Erstarren aus der Bewegung heraus).
Anschließend formieren sich die Spieler in Kleingruppen, um einzelne Szenen zu üben, die sie dann zum **Ausklang** vorführen.

Material

- die ausführlichen Rollenspielkarten (siehe Beispiele S. 127–130)
- Klebeband oder Sicherheitsnadeln

Durchführung

Improvisationsspiel

Dies ist eine sehr sensible Übung. Wenn sie in der Großgruppe nicht klappt, bilden Sie Kleingruppen mit ca. sechs Kindern. Diese Übung kann im Stegreifspiel gute Spielmöglichkeiten eröffnen.

> *Im Kaufhaus schauen die Leute mehr auf die Waren, als dass sie einander anschauen. Andere anzuschauen, im Aufzug, auf der Rolltreppe, im Gasthaus und wo auch immer, gilt als unhöflich. Vor allem Frauen sind häufig von klein auf daran gewöhnt, den Blick zu senken, wenn ihnen jemand begegnet, der sie anschaut. Wir üben jetzt genau das Gegenteil: Wir stehen im Kreis. Ich blicke jemanden an. Der geht sofort los. Ich gehe auf seinen Platz. Er blickt im Gehen jemand anderen an und geht auf dessen Platz. Jeder, der angeblickt wird, geht los und blickt wieder jemanden an. Ihr könnt also nicht in aller Ruhe rundum schauen, wen ihr auswählt, denn der Erste, den ihr anschaut, marschiert los.*

B ÜBUNGSPHASE

Karteninterview

Ein Drittel der Kinder sind Interviewer, die anderen ziehen eine Rollenspielkarte (siehe auch S. 127–130).

Beispiel Rollenspielkarte

> **Frau Bauer, Mutter von Lisbeth**
> Sie wissen nicht, was Sie Lisbeth zu Weihnachten kaufen sollen, denn sie hat schon alles. Sie sind immer in Eile, weil sie als Alleinerziehende so viel Arbeit haben. Im Kaufhaus treffen Sie Lisbeths Klassenkameraden Adris mit seiner Mutter und beginnen ein Gepräch mit ihr.

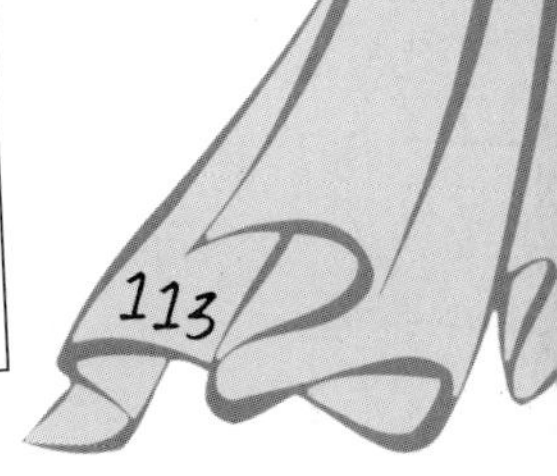

Die Interviewer befragen die verschiedenen Personen.
Diese versuchen, sich in ihre Rolle hineinzuversetzen und geben Antworten, die sie sich (teilweise) selbst ausgedacht haben.

Mögliche Interview-Fragen

- Guten Tag, wie ist Ihr Name?
- Wo wohnen Sie?
- Wie alt sind Sie?
- Wie geht es Ihnen heute (aber ehrlich!)?
- In welche Abteilung wollen Sie?
- Was wollen Sie einkaufen?
- (Welche Kunden bedienen Sie gern/ungern?)
- Für wen kaufen Sie ein?
- Was ist Ihr größter Weihnachtswunsch?
  (ganz konkreten Wunsch angeben,
  nicht „Frieden auf Erden" sondern z.B.:
  „dass ich meinen Papa an Weihnachten
  sehen kann" o.Ä.)

Nach einiger Zeit erfolgt ein Karten- bzw. Rollentausch.
Die Kinder können auch selbst Karten mit ihren Lieblingsrollen beschreiben.

 Interview-Spiel

Bei diesem Spiel gibt es nur einen Interviewer.
Die ganze Gruppe bewegt sich geschäftig, aber leise.
Sagt der Interviewer „Guten Tag", bleiben alle stehen (Freeze), nur der Interviewer und der Interviewte dürfen sich bewegen und das Interview durchführen. Bei „Vielen Dank, auf Wiedersehen" bewegen sich wieder alle.

 Üben einer Einkaufsszene

Diese Übung findet in Kleingruppen statt.
Die Kinder ziehen wieder eine Rollenspielkarte
(siehe Beispiele S. 127–130).
Auf ihrer Karte können sie sehen, welche Person sie darstellen und mit welchen Partnern sie zusammenspielen.

Jedes Kind heftet sich seine Rollenkarte gut sichtbar an die Kleidung, damit sich die Spielpartner gegenseitig finden können. In jeder Rolle steckt ein „Problem", das die jeweilige Person momentan hat. Die Kinder sollen dieses Problem herausfinden und versuchen, es beim gemeinsamen Spielen in der Kleingruppe darzustellen.

C STUNDENAUSKLANG

Vorspielen/ Reflexion der erarbeiteten Szenen

Die Kleingruppen spielen ihre Szenen vor. Danach folgt ein Gespräch über die kurzen Szenen, in dem die zuschauenden Kinder die „Probleme", die in den einzelnen Rollen stecken, zu beschreiben versuchen.

Handlungsrahmen erarbeiten

Raumgestaltung

Vier Schultische, die die Abteilungen eines Kaufhauses darstellen, werden im Halbkreis aufgestellt. In der Mitte steht ein Stuhl, auf dem später der Friedensengel steht. Die „Lautsprecherzentrale" wird am Rand aufgebaut.

Material

* Rollenkarten „Du trägst" (siehe Beispiele S. 131, 132)
* Tische
* „Kaufhausmusik" bzw. Weihnachtsmusik

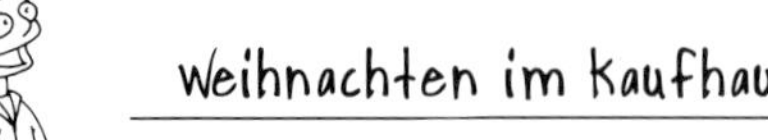

Entwicklungsschritte

Beim **Warm-up** spielen wir uns wieder aufeinander ein. Dann wird in der **Übungsphase** das Kaufhausambiente aufgebaut und pantomimisch in Form eines **Ratespiels** mit Karten geübt. Bevor wir mit Adris und Lisbeth als Handlungsrahmen arbeiten, üben wir die einzelnen Szenen im Kaufhaus und proben, aus einer Bewegung heraus zu erstarren und wieder lebendig zu werden.
Zum **Ausklang** schütteln wir die Kaufhausatmosphäre wieder ab, indem wir eine Minute die Stille hören.

Durchführung

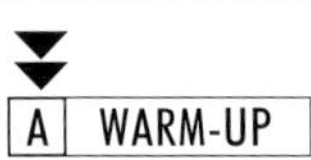
A WARM-UP

Bewegung und Stillstehen

Die Kinder teilen sich in Gruppe A und Gruppe B auf.
Wenn Gruppe A geht, steht Gruppe B still.
Zunächst erfolgt der Wechsel auf ein akustisches Signal hin.
Danach sollen die Kinder sich gegenseitig genau beobachten.
Wenn einer in der Gruppe stehen bleibt, bleibt die ganze Gruppe stehen und die andere Gruppe geht los.
Wenn einer in der anderen Gruppe losgeht, bleibt die gehende Gruppe sofort stehen und die andere Gruppe läuft los.
Sollte die Übung mit den zwei Gruppen zu schwer sein, üben wir erst mit einer Gruppe.

B ÜBUNGSPHASE

Ratespiel

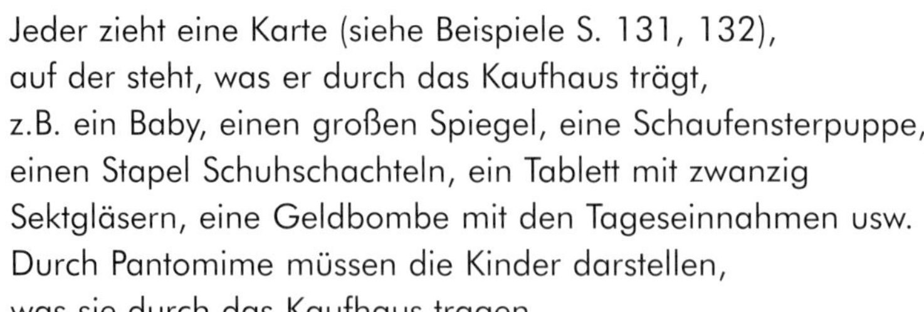

Jeder zieht eine Karte (siehe Beispiele S. 131, 132), auf der steht, was er durch das Kaufhaus trägt, z.B. ein Baby, einen großen Spiegel, eine Schaufensterpuppe, einen Stapel Schuhschachteln, ein Tablett mit zwanzig Sektgläsern, eine Geldbombe mit den Tageseinnahmen usw.
Durch Pantomime müssen die Kinder darstellen, was sie durch das Kaufhaus tragen.
Die anderen raten.

Freeze-Übung

Die Kinder stellen sich an den Tischen, also in den jeweiligen „Abteilungen" auf. Es gibt jeweils Verkäufer und Käufer in einer Abteilung. Alle Spieler „frieren ein" (Freeze), das heißt, sie stehen bewegungslos da. Ein Kind schlendert durch die Abteilungen. Wenn es auf eine Abteilung zukommt, beginnen Käufer und Verkäufer sich zu bewegen und tonlos miteinander zu sprechen. Lassen Sie im Hintergrund typische „Kaufhausmusik" oder Weihnachtsmusik laufen.

Handlungsrahmen

Geben Sie den Kindern folgende Szene vor:
Lisbeth und ihre Mutter bummeln durch das Kaufhaus.
Sie treffen Adris mit seiner Mutter.
Die beiden Klassenkameraden dürfen alleine
eine halbe Stunde durch das Kaufhaus bummeln.
Sie gehen von Abteilung zu Abteilung.
Denkt an das Spiel vorher!
Die Abteilungen „erwachen",
wenn sich Adris und Lisbeth nähern.
Diese Übung mit dem vorgegebenen Handlungsrahmen wird mehrmals mit wechselnden Rollen durchgeführt.

Stille hören

Im Kaufhaus spielt die Musik pausenlos.
Auch manche von euch brauchen diese pausenlose Musik,
ob beim Hausaufgaben machen oder beim Spielen.
Heute wollen wir zum Abschluss eine Minute lang die Stille hören.

Hausaufgabe

Die Kinder sollen sich Kaufhausdekorationen ausdenken und in der nächsten Stunde die entsprechenden Materialien dafür mitbringen.

5. Spieleinheit

Routine unterbrechen

Entwicklungsschritte

Mit einer „Einkaufsgeschichte voller Missgeschicke" im **Warm-up** tauchen wir wieder in die Kaufhausatmosphäre ein, um zu der **Übung** zu kommen, die Keith Johnstone „Routine unterbrechen" nennt und ein wichtiges Element zum Aufbau eines Theaterstückes ist.
(Vgl. *Johnstone, Keith: Improvisation und Theater. Alexander Verlag, 2000, ISBN 3-923854-67-6*)
Nach dem Ausspielen einiger solcher Gedanken wird die **Wende des Stückes** vorgegeben:
In die vom Weihnachtskitsch überschwemmte, stressige Atmosphäre kommt plötzlich ein echter weihnachtlicher Engel mit der Friedensbotschaft.
Wir denken nach über den Frieden und schließen im **Ausklang** die Stunde mit einem Friedensspiel.

Material

In dieser Spieleinheit wird kein Material benötigt.

Durchführung

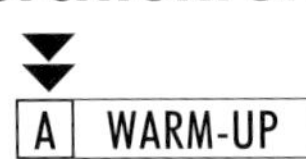

Bewegungsgeschichte

Zu den Aktionen, die in der Geschichte vorkommen, machen die Kinder jeweils die passenden Bewegungen. Machen Sie an den entsprechenden Stellen (✋) kurze Pausen beim Vorlesen und geben Sie den Kindern genügend Zeit zum Nachahmen der entsprechenden Bewegungen.

Weihnachtseinkauf

Mit schweren Taschen beladen schleppst du dich durch das Kaufhaus. In der Spielwarenabteilung siehst du noch ein Plüsch-Pony als Sonderangebot. Du willst es haben, stellst deine Taschen ab, suchst den Geldbeutel ,
holst das Pony, nimmst deine Taschen und gehst mit den Taschen, dem Pony und dem Geldbeutel in den Händen zur Kasse.
Du musst lange warten. Du drängelst dich einfach vor.
Dein Geldbeutel fällt dir aus der Hand, du stellst die Taschen und das Pony ab und bückst dich nach den Geldstücken.
Jetzt bezahlst du. Du steckst das Pony in eine Tasche, verstaust den Geldbeutel und hebst die Taschen auf.
Jetzt hast du den Kassenzettel vergessen.
Du lässt dir von der Verkäuferin den Zettel in die Tasche schieben.
Da reißt an einer Tüte der Henkel. Die Weihnachtskerzen, die Christbaumanhänger, die Lebkuchen, alles fällt auf die Erde.
Ein paar Christbaumkugeln sind zerbrochen.
Du hilfst der Verkäuferin die Scherben einzusammeln ,
nimmst deine Tüten, Taschen und Päckchen und denkst an den langen Weg nach Hause. Hoffentlich geht jetzt alles glatt!

Gedankenspiel „… als plötzlich"

Die Kinder sitzen im Kreis.
Bereiten Sie sie auf eine plötzliche Wende im Stück vor:
In unserem Stück muss plötzlich etwas Ungewöhnliches passieren, sonst fangen die Zuschauer an zu gähnen. Was könnte denn plötzlich passieren?
Reihum sagen die Kinder Satzteile:

Wer?	☞ Frau Maier
Was tut sie?	☞ sie kauft ein Kopfkissen
In welcher Abteilung?	☞ in der Bettenabteilung
als plötzlich …	☞ eine Maus aus dem Kopfkissen springt

Daraus entstehen ganze Sätze,
die alle eine plötzliche Wende beinhalten.
Z.B.: „Lena schlenderte mit ihrer Freundin durch die Spielwarenabteilung, als plötzlich der Feueralarm schrillt."

Dieses Spiel ist auch als lustiges Schreibspiel möglich.
Dazu wird ein zieharmonikaförmig gefaltetes Papier benutzt, das immer nur eine Spalte zum Schreiben freigibt, während die anderen Spalten verdeckt sind.
Allerdings werden dann die Szenen noch absurder.

Anschließend erhalten die Kinder Gelegenheit, einige „... als plötzlich"-Szenen in Kleingruppen nachzuspielen.

Spielidee weiter ausarbeiten

Beschreiben Sie, wie die Geschichte von Lisbeth und Adris weitergehen könnte:
Lisbeth und Adris schlendern durch das Kaufhaus, als plötzlich ein Friedensengel im Kaufhaus erscheint. Kein alberner, verkleideter Nikolaus, sondern ein echter Friedensengel.

Führen Sie im Anschluss daran mit den Kindern ein Gespräch über Frieden, Friedenssehnsucht, Weltfrieden, Frieden mit der Natur, persönlichen Frieden:
Wann spüre ich Frieden in mir? Wann bin ich zufrieden?
Bei diesem Gespräch werden alle Meinungen der Kinder wertneutral angehört.

Friedensspiele

a) Zwei Partner unterhalten sich.
Immer, wenn einer etwas sagt, erwidert der andere etwas Negatives, wie: Das geht nicht! – So ein Blödsinn! – Lass lieber die Finger davon. – Das kann gar nicht gehen.
Wir spüren nach, wie uns diese abwertenden, negativen Sätze stimmen.

b) Yoga-Übung:
Einatmen, die Arme seitlich über den Kopf heben, laut auf „Ha“ ausatmen und den Oberkörper dabei ganz locker nach vorne beugen, so dass die Arme nach unten schaukeln. Wieder langsam beim Einatmen aufrichten und die Arme wieder über den Kopf strecken.

c) Einer macht einen Vorschlag, was die Gruppe machen soll, alle rufen „Ja“ und machen mit. Z.B.:
Wir hüpfen auf einem Bein – Ja –
Wir wälzen uns auf dem Boden – Ja –
Wir stehen wieder auf – Ja –
Wir gucken aus dem Fenster – Ja –
Wir geben uns die Hände – Ja –
Wir gehen in die Hocke – Ja …
Dann spüren wir nach, wie uns die gegenseitige Unterstützung stimmt.

d) Wir stehen im Kreis und geben uns die Hände. Einer schickt einen Händedruck los und wartet, bis er wieder bei ihm ankommt.

Gedankenspiel

Der Weihnachtsengel will Frieden bringen,
mitten ins Kaufhaus.
Was ist dein wichtigster Weihnachtswunsch?
Ein Geschenk?
Oder soll irgendetwas in deinem Leben anders werden?
Denke jetzt an deine Rolle.
Was ist dein wichtigster
Weihnachtswunsch,
wenn du im Kaufhaus
auf den Engel triffst?
Um was wirst du
den Engel bitten?

Inhalt und Struktur des Theaterstückes festlegen

Entwicklungsschritte

Die Kinder denken beim **Warm-up** in Partnerarbeit darüber nach, welche Dinge sie wirklich brauchen und was sie wirklich wollen.
Im **Übungsteil** werden den Spielkarten-Rollen „Lebenswünsche", also wirklich wichtige Wünsche zugeordnet.
Die Schlussszene wird mit diesen Wünschen geübt.
Anschließend sortieren die Spieler gemeinsam aus, was sie spielen und was nicht. Sie legen sich auf bestimmte Rollen fest, die sie ab jetzt spielen. Die Aufregung wird aufgrund der Rollendiskussion groß sein, deshalb machen wir zum **Ausklang** unsere Verbundenheit sichtbar.

Material

- Rollenspielkarten (siehe Beispiele S. 127–130)
- Notizpapier und Stifte
- rotes Wollknäuel

Durchführung

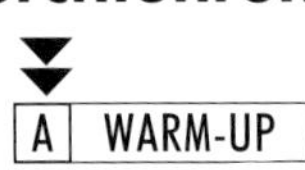

Partnerarbeit

Ein Partner fragt ganz schnell hintereinander, was der andere Partner wirklich zum Leben braucht, der andere antwortet „ja" oder „nein", danach wird gewechselt. Z.B.:
Brauchst du eine Zahnbürste?
... eine goldene Uhr?
... Brot?
... Lebertran?
... ?

„Lebenswünsche"

Die Rollenspielkarten (siehe Beispiele S. 127–130) werden im Kreis ausgelegt. Schweigend ziehen die Kinder eine Karte und überlegen den „Lebenswunsch" dieser Figur.
Beispiele:
Lisbeth: „Ich wünsche mir, dass Mama für mich Zeit hat."
Adris: „Ich wünsche mir, dass ich in Deutschland ohne Krieg leben kann."

Schlussszene

Klären Sie mit den Kindern, wie die Schlussszene aussehen könnte:
Der Engel verkündet den Frieden auf Erden.
Die einzelnen Personen des Stückes stehen im Halbkreis um den Engel herum und fragen, ob ihr Lebenswunsch/ Weihnachtswunsch in Erfüllung geht. Der Engel wird immer zorniger, die Menschen wenden sich ab.
Die Gesichter zeigen enttäuscht nach außen, die Menschen sind traurig. Eine Pauke mit zwei Schlägern spielt leise Herztöne. (Systole und Diastole klingen verschieden.)
Der Engel wiederholt seine Friedensbotschaft.
Der Reihe nach wenden sich langsam die Spieler dem Engel wieder zu. Jeder, der sich umgedreht hat und die Hand aufs Herz gelegt hat, fragt: „In mir?", wobei die Betonung wechselt.
Die Pauke „fragt" noch eine Weile weiter und verklingt leise.
IN mir? – IN mir? – in MIR? – IN mir? – in MIR – in MIR?

Das Theaterstück/die Rollen

Nun suchen sich die Spieler die Rollen aus, die sie gerne spielen möchten und suchen die entsprechende Rollenkarte heraus. Diese werden der Rahmengeschichte oder den ausgewählten Kaufhausabteilungen zugeordnet, sodass der Aufbau und Ablauf des Theaterstückes festgelegt wird. Die Rollen werden festgelegt, die Spieler verhandeln oder wählen (weitere Tipps zur Rollenwahl u.Ä. siehe S. 7–17).

C AUSKLANG

Der rote Faden – Ein Netz bilden

Im Sitzkreis werfen sich die Kinder ein Wollknäuel zu, behalten aber den Faden in der Hand. Sie werfen, bis jeder den Faden in Händen hält und ein dichtes Netz entstanden ist.
Ob wir damit aufstehen und uns wieder setzen können?
Können wir es in die Höhe heben und bis zum Boden absenken?
Können wir es lockerlassen und im Kreis schwingen?
Wie straff können wir das Netz ziehen, ohne dass einer loslässt?
Ob wir es mal ablegen und loslassen sollen?
Jetzt geben wir nacheinander das Knäuel zu dem Kind zurück, von dem wir es bekommen haben.
(Wenn wir das Netz nicht mehr so schnell entwirren können, ist das kein Wunder. Es ist auch nicht schlimm. Wir legen es auf den Boden. Bestimmt haben nach der Stunde ein paar Kinder Zeit, es aufzuwickeln!)

Erklären Sie den Kindern, was das Netz versinnbildlichen soll:
Wo Menschen so schön zusammenspielen wie wir jetzt, entsteht ein dichtes, festes Netz. Es entsteht Frieden.
Es wäre schön, wenn wir bei den straffen und strengen Proben, die jetzt folgen, friedlich zusammenarbeiten können und ein schönes Stück auf die Bühne bringen.

7. & weitere Spieleinheiten:

Probenarbeit

Jetzt folgt die Probenarbeit (weitere Tipps zur Probenarbeit u.Ä. siehe S. 7–17). Vor Beginn der Probearbeiten wäre es sinnvoll mit den Kindern zusammen eine Szenenvorlage zu erstellen (Beispiel siehe S. 135, 136).

So wissen alle Beteiligten, welche Szenen geprobt werden müssen, in welcher Reihenfolge die einzelnen Szenen gespielt werden, wie sie miteinander verbunden sind und wie das Theaterstück endet.
In dieser Vorlage werden die Szenen nur grob geschildert und dienen so als roter Faden bei den Theaterproben. Die Dialoge der einzelnen Szenen sollten nicht schriftlich festgehalten werden, so dass sie im Verlauf der Proben immer wieder von den Kindern variiert und verändert werden können.
Zunächst sollten die einzelnen Szenen in Kleingruppen geübt werden. Wenn die Einzelszenen dann „sitzen", sollte das Proben der Gesamtszene in der Großgruppe angeschlossen werden.
Dabei wird parallel zur Struktur der Szenen eine Gruppe einbezogen, die für die Lautsprecherdurchsagen verantwortlich ist. Diese braucht einen guten Blickkontakt mit den anderen Spielern, sodass sich durch den Wechsel zwischen Weihnachtsmusik, Durchsagen und Szenen eine dichte Atmosphäre ergibt.

Material

- Kassettenrekorder mit Weihnachtsmusik
- Lautsprecher
- Pauke
- selbsthergestellte „Sonderangebotsschilder"
- weihnachtliche Dekoration

Kostüme

Bitten Sie die Kinder, zu Hause nach einem typischen Kostüm für ihre Rolle zu suchen und es für die Aufführung mitzubringen.

Raumgestaltung

Der Raum wird, so wie auch schon bei der Erarbeitung, so eingerichtet, dass die Tische die Abteilungen darstellen. Der Stuhl für den Engel steht in der Mitte.
Alles wird weihnachtlich dekoriert, die Sonderangebotsschilder werden aufgehängt.

Bühnenplan „Kaufhaus"

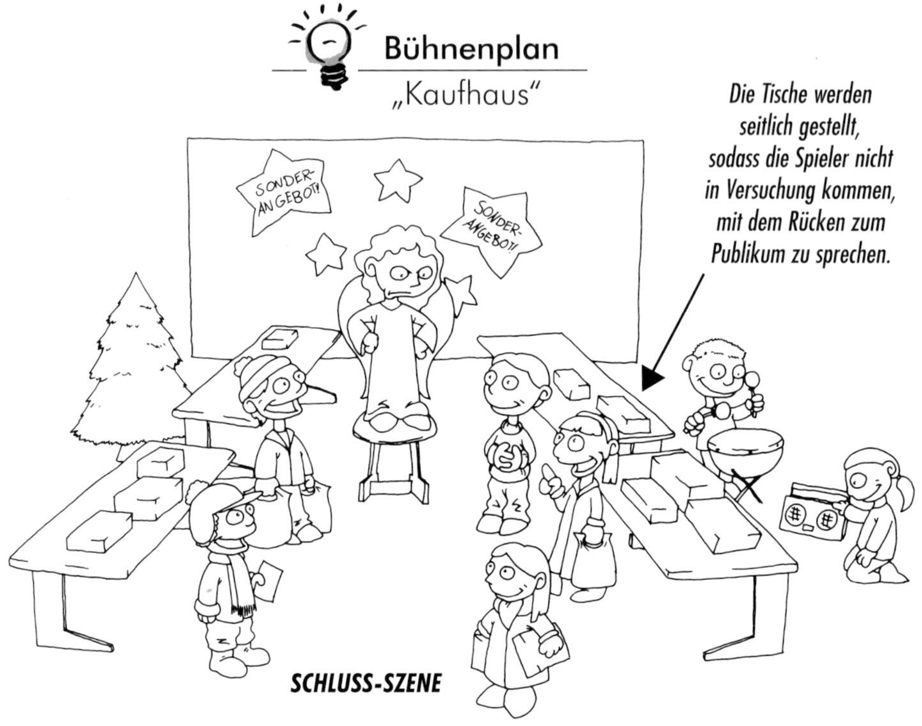
Die Tische werden seitlich gestellt, sodass die Spieler nicht in Versuchung kommen, mit dem Rücken zum Publikum zu sprechen.
SONDER-ANGEBOT!
SONDER-ANGEBOT!
SCHLUSS-SZENE

Einfache Rollenkarten (Beispiele)

Verkäuferin	feine Dame	ältere Dame
Abteilungsleiter	alter Mann	älterer Herr
Kaufhausdetektiv	Mutter	Ausländer
Putzfrau	Vater	Notarzt
Dekorateur	junger Kunde	Rollstuhlfahrer
Pommes-Verkäufer	junge Kundin	Zivildienstleistender
Kaufhausdieb	Junge	
verwirrte Oma	Mädchen	

Rollenspielkarten
(Beispiele 1)

Frau Bauer, Mutter von Lisbeth Sie wissen nicht, was Sie Lisbeth zu Weihnachten kaufen sollen, denn sie hat schon alles. Sie sind immer in Eile, weil Sie als Alleinerziehende so viel Arbeit haben. Im Kaufhaus treffen Sie Lisbeths Klassenkameraden Adris mit seiner Mutter und beginnen ein Gepräch mit ihr.	**Lisbeth, Tochter von Frau Bauer** Du hast keine Lust, neue Spiele einzukaufen. Deine Mutter hat das Spiel vom letzten Weihnachtsfest mit dir immer noch nicht gespielt. Du bist oft alleine, weil deine Mutter hart arbeiten muss. Du triffst im Kaufhaus Adris, deinen neuen Schulkameraden aus Afghanistan.
Frau Salam, Mutter von Adris Sie sind erst kurz in Deutschland und freuen sich, dass Sie lebendig aus Afghanistan herausgekommen sind. Bald, wenn Sie eine Wohnung und Arbeit haben, werden Sie sich auch verschiedene nötige Dinge kaufen können. Sie sind mit Ihrem Sohn Adris im Kaufhaus. Dort treffen Sie Adris' Klassenkameradin Lisbeth mit ihrer Mutter. Sie beginnen ein Gespräch mit ihr.	**Adris, Sohn von Frau Salam** Du bist mit deiner Familie erst vor kurzem aus Afghanistan geflohen und nach Deutschland gekommen. Du musst dich an viel Neues gewöhnen, in der Schule und hier in der Stadt. Du hättest so gerne Schulfreunde, mit denen du dich auch mal nachmittags treffen könntest. Du triffst im Kaufhaus deine Schulkameradin Lisbeth.
Siggi Du bist mit deinem Freund Uli hier. Euch ist langweilig. Ihr schlendert durch das Kaufhaus. Ihr entdeckt, wie eure Klassenkameradin Lisbeth mit dem fremden Jungen redet, der ganz anders spricht. Die wollt ihr gewaltig anpflaumen!	**Uli** Du bist mit deinem Freund Siggi hier. Euch ist langweilig. Ihr schlendert durch das Kaufhaus. Ihr entdeckt, wie eure Klassenkameradin Lisbeth mit dem fremden Jungen redet, der ganz anders spricht. Die wollt ihr gewaltig anpflaumen!

Rollenspielkarten
(Beispiele 2)

Frau Fröhlich, **Verkäuferin** **in der Spielwarenabteilung** Sie haben zwar Rückenschmerzen und Ihre Beine tun Ihnen weh vom langen Stehen, aber Sie haben viel Verständnis und viel Geduld mit Ihren Kunden. Eine ältere Dame möchte etwas bei Ihnen kaufen, aber kann sich nicht entscheiden.	**Frau Krück,** **ältere Dame aus dem Altersheim** Sie kaufen für Ihren Sohn, der mit seiner Familie in Australien lebt, Weihnachtsgeschenke ein. Sie schauen sich in der Spielwarenabteilung nach Geschenken für Ihre sechsjährige Enkelin um, können sich aber nicht entscheiden.
Frau Nervmüller, **Verkäuferin** **in der Sportabteilung** Sie können das Gedudel der Weihnachtsmusik nicht mehr hören. Sie sind völlig entnervt und wollen kündigen. Da kommt auch noch eine Kundin und will eine Sporthose umtauschen, auf der angeblich ein Fleck ist.	**Frau Schmoller** Sie sind Kundin in der Sportabteilung. Sie möchten bei der Verkäuferin ein Sporthose umtauschen, auf der ein Fleck ist.
Abteilungsleiter **Bückling** Eben waren Sie beim Chef. Er ist nicht zufrieden mit dem Umsatz. In der Weihnachtszeit muss doch mehr laufen! Da hört er auch noch, dass in der Sportabteilung eine Kundin von der Verkäuferin angepflaumt wird.	**Herr Talentori,** **der Kaufhaus-Nikolaus** Sie sind ein toller Schauspieler, aber seit zehn Jahren haben Sie keine Anstellung mehr. Mit Ihrem Job als Weihnachtsmann verdienen Sie sich das Heizöl. Sie müssen immer gute Laune haben und die Leute im Kaufhaus unterhalten. Jeden müssen Sie ansprechen und „weihnachtliche Stimmung" verbreiten.

Rollenspielkarten
(Beispiele 3)

Frau Sauer, Verkäuferin in der Süßwarenabteilung Sie ärgern sich über die vielen Ausländer. Sie sind Ihnen unheimlich. Nicht mal richtig reden können die! Jetzt lungern die auch noch hier bei Ihnen in der Abteilung rum.	**Ausländer** Ihr würdet so gerne Haselnüsse kaufen, aber ihr könnt nicht lesen, was auf den Paketen steht. Ihr könnt auch nicht gut die Verkäuferin der Süßwarenabteilung fragen, denn sie scheucht euch weg, weil sie denkt, dass ihr nur herumlungert.
Rudi Rothand, genannt „Der Meister" Alle wollen zu deiner Clique gehören. Aber wer zu dir gehören will, muss erst im Kaufhaus eine CD klauen. Heute ist Robert dran. Suche ihn schnell und schicke ihn zum Klauen!	**Robert** Du bist in deiner Klasse nicht gerade beliebt. Du hast kaum Freunde und bist oft allein. Dabei würdest du gerne zu der Clique von Rudi Rothand gehören, den alle den „Meister" nennen. Um in die Clique aufgenommen zu werden, musst du allerdings eine CD klauen.
Herr Scharf, Kaufhausdetektiv Sie waren Ingenieur. Jetzt hat Ihr Betrieb Pleite gemacht. Sie sind über 5o Jahre alt und bekommen nirgends mehr Arbeit. Ohne den Job hier als Detektiv müssten Sie Ihr Haus verkaufen. Sie wollen Ihre Sache besonders gut machen. Da beobachten Sie in der CD-Abteilung einen Jungen, der sich ganz seltsam verhält.	**Claudia, Tochter von Frau Lambert** Dir ist so langweilig! Deine Mutter probiert scheinbar sämtliche Klamotten durch und du sollst stillhalten. Nun bist du an eine Vitrine gestoßen und das Glas ist zersprungen. Was tun? Jetzt gibt's Saures!

Rollenspielkarten
(Beispiele 4)

Frau Lambert, Mutter von Claudia Sie brauchen unbedingt noch etwas Schickes zum Anziehen, weil Sie morgen Ihre neue Arbeitsstelle antreten. Sie wollen einen guten Eindruck machen, nachdem Sie jetzt ein Jahr lang arbeitslos waren. Ihre Tochter Claudia nörgelt die ganze Zeit nur herum. Jetzt hat sie eine Vitrine angestoßen und das Glas ist zersprungen.	**Luise** Du bist frisch mit Lutz verheiratet. Ihr habt noch Schulden von der Wohnungseinrichtung. Du kaufst trotzdem eine Menge teure Weihnachtsdekorationen ein. Lutz versucht, dich davon abzuhalten.
Lutz Du bist frisch mit Luise verheiratet. Ihr habt noch Schulden von der Wohnungseinrichtung. Luise kauft eine Menge teure Weihnachtsdekorationen ein. Du versuchst, sie davon abzuhalten.	**Meine Spielidee:**
Meine Spielidee:	**Meine Spielidee:**

Rollenkarten:

„Du trägst …" (1)

Du trägst ein Baby.

Du trägst eine schwere Einkaufstasche.

Du trägst einen großen Spiegel.

Du trägst ein Tablett mit zwanzig Sektgläsern.

Du trägst eine Tarnkappe.

Du trägst eine Mistgabel.

Du trägst eine gestohlene CD in deiner Jackentasche.

Du trägst eine Geldbombe mit den Tageseinnahmen des Kaufhauses zur Bank.

Du trägst eine Schaufensterpuppe auf der Schulter.

Du trägst einen Revolver in der Tasche und willst gleich die Hauptkasse überfallen.

Du trägst eine aufgeweichte Tüte, in der drei Pfund Trauben aus dem Sonderangebot vor sich hintropfen. Traubensaft läuft dir im Ärmel runter!

Du trägst einen nigelnagelneuen Fernseher durch das Kaufhausgewühle.

Rollenkarten:
„Du trägst …" (2)

Du trägst einen verletzten Schmetterling aus dem Kaufhaus in den Stadtpark.
Du trägst einen Stapel Schuhkartons aus dem Lager in den Laden.
Du trägst einen großen Karton auf dem Kopf, so bringst du ihn am besten durch das Gewühl.
Du trägst zu enge Schuhe. Jeder Schritt ist eine Qual.
Du trägst eine Eistüte mit dreizehn Kugeln in einer Hand, in der anderen deine vom Eis verklebte Brille. Leider kannst du ohne Brille fast nichts sehen!
Du trägst einen schweren Rucksack, mit dem du überall anstößt und stecken bleibst.
Du trägst eine giftige Schlange.
Du trägst deine Inline-Skates.
Du trägst eine Katze, die sich verlaufen hat.
Du trägst ein neues Mountainbike.
Du trägst einen Weihnachtsbaum.
Du trägst Handschellen, denn du wolltest nach deinem Ladendiebstahl abhauen.

„Rendezvous der Kaufhausdiebe"

Purzelsätze (1)

Ich	habe	letzten	Mittwoch	in	der
Süßwarenabteilung	Essiggurken	versteckt.			

Ich	habe	gestern	Abend	zwölf	Gläser
in	der	Haushaltsabteilung	zerbrochen.		

Ich	habe	in	der	Bekleidungsabteilung	mit
klebrigen	Fingern	die	T-Shirts	angefasst.	

Ich	habe	am	Obststand
meine	Oma	verkauft.	

**Auf DIN-A3-Format vergrößern.
Zuerst die Sätze, danach die Wörter ausschneiden.**

„Rendezvous der Kaufhausdiebe"

Purzelsätze (2)

Ich	habe	in	der	Schreibwarenabteilung
grüne	Tinte	getrunken.		

Ich	habe	in	der	Heimtextilienabteilung
eine	Bananenschale	weggeworfen.		

Ich	habe	gerade	in	der	Elektroabteilung
Feueralarm	ausgelöst.				

Ich	habe	in	den	Münzfernsprecher
einen	Hosenknopf	gesteckt.		

Auf DIN-A3-Format vergrößern.
Zuerst die Sätze, danach die Wörter ausschneiden.

Beispiel für eine **Szenenvorlage** zu „Weihnachten im Kaufhaus"

1. Szene
Lisbeth bummelt mit ihrer Mutter durch das Kaufhaus. Sie finden keine geeigneten Geschenke, denn leider hatten sie noch nicht einmal Zeit, die Spiele vom letzten Jahr auch nur einmal zu spielen. Warum sollen sie dann neue Spiele kaufen?

2. Szene
Plötzlich sieht Lisbeth ihren neuen Klassenkameraden Adris mit seiner Mutter. Sie begrüßen sich.

3. Szene
Adris und seine Eltern sind aus Afghanistan geflohen und leben noch nicht lange in Deutschland. Sie wohnen in einem Wohnheim und sehen sich nur an, was es alles zu kaufen gibt. Später, wenn sie eine Arbeit und eine Wohnung gefunden haben, werden sie auch einkaufen.

4. Szene
Lisbeth bittet ihre Mutter, ob sie mit Adris eine halbe Stunde alleine bummeln darf. Die Erwachsenen erlauben es.

5. Szene
Lisbeth und Adris gehen zum Süßwarenstand, wo eben ein Ausländer versucht, Haselnüsse einzukaufen.

6. Szene
Sie schlendern in die Spielwarenabteilung, wo eben eine Oma für ihre Enkelin Geschenke einkauft, die weit, weit weg wohnt.

7. Szene
Sie gehen zur Sportabteilung. Lisbeth hätte so gerne Schi. Die Verkäuferin ist grantig.

8. Szene
Der Abteilungsleiter kommt, denn er ist schon informiert, dass die Verkäuferin alle Kunden anpflaumt. Er stellt die Verkäuferin zur Rede. Diese ist fertig von dem Weihnachtsgedudel seit Mitte November. Sie will kündigen, obwohl sie sonst keinen Job mehr finden wird.

9. Szene

Adris und Lisbeth unterhalten sich über die verrückte Verkäuferin, die ihre Arbeit einfach aufgibt. Sie kommen zur Bekleidungsabteilung. Adris erzählt, was er alles gerne hätte, Lisbeth erzählt, was sie alles bekommen wird.

10. Szene

Sie treffen Siggi und Uli. Die beiden sind eifersüchtig, weil Lisbeth sonst immer mit ihnen spielt. Und jetzt geht Lisbeth mit Adris herum, der nicht mal richtig deutsch sprechen kann. Siggi und Uli provozieren die beiden.

11. Szene

Die Bummelzeit ist um, Adris und Lisbeth gehen zurück zu ihren Müttern, die bereits auf sie warten, sich unterhalten und lachen. Adris und Lisbeth freuen sich, denn sie haben ihre Eltern schon lange nicht mehr lachen sehen!

12. Szene

Die Musik wird unterbrochen, Herzpochen ist aus dem Lautsprecher zu hören, ein Friedensengel steigt auf sein Podest.

13. Szene

Das Kaufhauspersonal kann nicht verstehen, warum statt des Nikolaus' ein Friedensengel bestellt wurde. Der schädigt doch das Geschäft!

14. Szene

Der Engel wird vom Geschäftsleiter befragt.

15. Szene

Die Menschen sammeln sich um den Engel und fragen ihn einzeln, ob ihr größter Weihnachtswunsch erfüllt wird. Der Engel führt sich gar nicht engelhaft auf, sondern unwillig. Bei jeder Frage wird er noch ärgerlicher. Jetzt brüllt er: „Nein, nein, nein!" Er sagt: „Ehre sei Gott in der Höhe und Friede den Menschen auf Erden!" – Alle erschrecken, sind enttäuscht und wenden sich ab.

16. Szene

Das Herzklopfen ist wieder zu hören, bis der erste begreift: „In mir?" und der zweite begreift: „In mir?" und der dritte begreift: „In mir?" Die verschiedene Betonung bildet einen neuen Rhythmus. Die Menschen wenden sich beim Fragen wieder dem Engel zu und legen dabei eine Hand auf das Herz.
„In mir, in Mir, in Mir, in mir."

Textbeispiel für die Hand des Spielleiters „Weihnachten im Kaufhaus"

Im Kaufhaus. Aus den Lautsprechern kommt Weihnachtsmusik, die von Warenangeboten und Durchsagen unterbrochen wird. Vier Abteilungen sind durch sparsam ausgeschmückte Warentische dargestellt. Lisbeth schlendert mit ihrer Mutter, Frau Bauer, durch das Kaufhaus.

Frau Bauer: *Ich weiß wirklich nicht, was ich dir zu Weihnachten schenken soll! Tante Hilde hat mir auch noch fünfzig Euro für dich geschickt!*

Lisbeth: *Ich habe doch schon zwei Barbie-Pferde. Und ein neues Spiel will ich auch nicht. Es spielt ja sowieso niemand mit mir. Du bist ja immer müde, wenn du heimkommst.*

Frau Bauer: *Ich spiele ja mit dir, wenn es unbedingt sein muss!*

Lisbeth: *Ich will aber nicht mit einer müden Mutter spielen, die gar keinen Spaß daran hat!*

Adris und seine Mutter Frau Salam kommen auf die Bühne.

Adris: *Mutti, Mutti, schau mal, kaufen wir so etwas?*

Frau Salam: *Nein, Adris, vielleicht kriegen wir bald eine neue Wohnung, dann brauchen wir all unser Geld für die Möbel und die Haushaltswaren. Wir mussten ja alles zurücklassen.*

Lisbeth: *Guck, Mama, da ist unser Neuer! Er ist mit seiner Familie aus Afghanistan geflohen.*

Frau Bauer: *Ist er nett?*

Lisbeth: *Hallo Adris! Kauft ihr auch ein?*

Adris: *Wir schauen uns mal alles an.*

Lisbeth: *Mama, dürfen Adris und ich eine halbe Stunde alleine durch das Kaufhaus bummeln?*

Frau Bauer: *Wenn die Mutter von Adris das auch erlaubt?*

Frau Salam: *Sicherlich, ich bin sehr froh, wenn Adris deutsche Freunde bekommt.*

Frau Bauer: *Also los, ihr beiden!*
Treffpunkt um fünf Uhr wieder hier!

Die Mütter schlendern weg, die Kinder gehen auf die Süßwarenabteilung zu. Dort steht ein junger Mann – ein Ausländer – vor der Theke.

Adris: *Schau mal, das tolle Lebkuchenhaus!*
Lisbeth: *Weißt du, die Lebkuchen schmecken pappig, igitt!*
Ausländer: *Ich kaufen ein Tüte Nuss!*
Verkäuferin: *Du nix Geld!*
Ausländer: *Ich Geld, da gucken!*
Verkäuferin: *Reicht nicht! Hau ab!*
Ausländer: *Du Geld, ich Nuss! Da Geld, du gucken!*
Verkäuferin: *Also gut, ich wiege 100 g ab!*

Adris und Lisbeth schlendern zur Spielwarenabteilung. Eine alte Frau wird gerade bedient.

Verkäuferin: *Soll ich Ihnen eine größere Tüte geben?*
Alte Frau: *Ja bitte. Ich weiß gar nicht, wie ich das alles schleppen soll!*
Verkäuferin: *Alles für die lieben Enkel!*
Alte Frau: *Vielleicht kann ich an Weihnachten zu meinem Sohn fliegen, nach Australien!*
Verkäuferin: *Warten Sie, ich bringe Ihnen einen Wagen!*
Alte Frau: *Bis nach Australien!*
Adris: *Schau, das „Spiel des Jahres"!*
Lisbeth: *Am liebsten spiele ich „Mensch ärgere dich nicht" mit meinem Papa. Aber der ist ausgezogen. Er verträgt sich nicht mehr mit Mama.*
Adris: *Mein Papa hat seit gestern eine Arbeit. Vielleicht kriegen wir bald eine Wohnung!*
Lisbeth: *Wo wohnt ihr denn jetzt?*
Adris: *Im Wohnheim für Asylbewerber. Guck mal, die tollen Schi!*
Lisbeth: *Du bist noch gar nicht lange hier und sprichst schon so gut deutsch!*

Adris: *Die ersten Wochen waren auch gar nicht nett,*
als ich noch fast nichts verstanden habe!

Die beiden gehen zur Sportabteilung.

Verkäuferin: *Was lungert ihr hier herum,*
schaut, dass ihr weiterkommt!

Adris und Lisbeth weichen erschrocken aus und schütteln die Köpfe.

Abteilungsleiter: *Frau Nervmüller, kommen Sie in mein Büro!*
Verkäuferin: *Ich weiß schon, was Sie mir sagen wollen!*
Ich bin unfreundlich zur Kundschaft,
tippe falsche Beträge in die Kasse
und verbreite schlechte Laune.
Abteilungsleiter: *Stimmt genau, Frau Nervmüller!*
Was ist nur in Sie gefahren?
Ich würde das gerne im Büro
mit Ihnen besprechen!
Verkäuferin: *Ich pfeife auf Ihr Büro! Ich bin fertig!*
Ich kündige von selber! Ich halte das
nicht mehr aus! Das ewige Weihnachtsgedudel!
Das ist für mich eine Folter! Ich gehe!
Abteilungsleiter: *Aber Frau Nervmüller, das sind doch*
nur Ihre Nerven.
Verkäuferin: *Nur meine Nerven! Nur meine Nerven!*

Frau Nervmüller geht, der Abteilungsleiter ihr nach.

Abteilungsleiter: *Ihre Papiere, Frau Nervmüller!*
Warten Sie, Sie brauchen noch Ihre Papiere!
Lisbeth: *Da gingen mir auch die Nerven durch,*
bei dem ewigen Gedudel!
Adris: *Sie hat ihre Arbeit so einfach aufgegeben?*
Lisbeth: *Sie konnte nicht mehr.*
Adris: *Ist Arbeit so schlimm?*
Lisbeth: *Meine Mama ist auch jeden Tag fix und fertig,*
oft bringt sie noch Arbeit mit heim,
die unbedingt fertig werden muss.

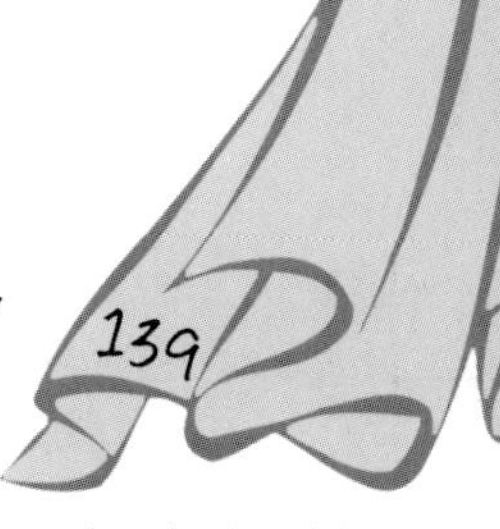

Adris: *Oh, die Bekleidungsabteilung! Schau die schicken Pullover an! So viele Sachen! Ich würde am liebsten alles mitnehmen!*
Lisbeth: *Kommt zum Schluss alles in die Kleidersammlung und du musst stundenlang den Schrank ausräumen, so wie ich! Ich hab schon meine Winterklamotten. Nur einen Fleece-Pulli mit Pferdemotiv hätte ich noch gerne. Den krieg ich bestimmt von der Oma.*

Lisbeths Schulkollegen Siggi und Uli kommen um die Ecke.

Siggi: *So, Lisbeth, gehst du jetzt mit dem hergelaufenen Ausländer!*
Uli: *Dass du dich nicht schämst!*
Lisbeth: *Das geht euch doch nichts an! Komm, Adris!*
Siggi: *Der kann sich ja nicht mal was kaufen!*
Uli: *Der soll doch wieder dahin gehen, wo er herkommt!*
Adris: *Warum seid ihr so böse zu mir? Was habe ich euch getan?*
Siggi: *Halt die Klappe oder es passiert was!*

Adris und Lisbeth weichen erschrocken aus und schütteln die Köpfe.

Lisbeth: *Komm, Adris, die sind nur neidisch!*
Adris: *Neidisch? Auf mich? Ich habe doch nichts!*
Lisbeth: *Du hast mehr, als du denkst! Schau, unsere Mütter warten schon auf uns! Sie reden und lachen!*
Adris: *Meine Mutter hat schon lange nicht mehr gelacht!*
Lisbeth: *Meine auch nicht.*

Aus dem Lautsprecher dringt plötzlich ein einziger, schriller Ton. Die Leute rennen panisch durcheinander und halten sich die Ohren zu.

Gesprächsfetzen: *Feueralarm? – Überfall? – Flugzeugabsturz? – Bombenleger? – Kriegsausbruch?*

Auf einem Stuhl steht ganz ruhig ein Engel, es wird allmählich still, alle sehen den Engel und erstarren. Wer spricht, tritt in den großen Halbkreis um den Engel ein.

Engel: *Ehre sei Gott in der Höhe
und Friede den Menschen auf Erden!*
Verkäuferinnen: *Ist der echt? Der Chef bestellt sonst immer
einen Nikolaus! So ein Engel kurbelt doch das
Geschäft gar nicht an! Was will denn der bei uns?*
Abteilungsleiter: *Wer hat Sie bestellt!?*
Engel: *Siehe, ich verkündige dir eine große Freude!
Ehre sei Gott in der Höhe
und Friede den Menschen auf Erden!*
Abteilungsleiter: *Ich hab aber keine Zeit, mich zu freuen!*
Engel: *Siehe, ich verkünde euch eine große Freude!*

Alle wenden sich dem Engel zu.

Alte Frau: *Darf ich nach Australien
und meinen Sohn besuchen?*
Lisbeth: *Kommt mein Papa wieder heim?*
Adris: *Kann ich je wieder zurück in meine Heimat?*
Siggi und Uli: *Ist Lisbeth bald wieder unsere Freundin?*
Frau Bauer: *Werde ich wieder so viel Kraft haben wie früher?*
Frau Nervmüller: *Stellt der Chef endlich das Weihnachtsgedudel ab?*
Ausländer: *Kann ich leben in Deutschland?*
Abteilungsleiter: *Schafft unsere Abteilung einen guten Umsatz?*
Verkäuferinnen: *Ist der ganze Rummel endlich vorüber?*
Engel: (schreit und stampft)
Neiein! Nein, nein, nein, neieieiein!

Alle im Halbkreis wenden sich enttäuscht ab und schweigen.

Engel: *Siehe, ich verkünde euch eine große Freude!*

Einer nach dem anderen wendet sich um.
Die Pauke spielt Herzschlag mit ungleichmäßiger Betonung.
Nach dem Umdrehen schaut jeder zum Engel und zeigt auf sein Herz:

Alle nacheinander: IN mir? – IN mir? – In MIR ? – In MIR? – ...

Leise verklingt der „Herzschlag".
Alle stehen als Schlussbild still, mit der Hand auf dem Herzen .

5.
Theater-
stück

Das Krippenspiel

Voraussetzungen

✓ **Alter:** zwischen 8 und 12 Jahren
✓ **Mindestanzahl:** fünf Spieler, erprobt mit 18 Spielern

Inhalt des Stückes

Eine Theatergruppe streitet um die Rollen für das geplante Krippenspiel. Als der Streit am schlimmsten wird, gebieten Engel der Gruppe Einhalt. Sie erinnern daran, dass Weihnachten das Fest der Liebe ist.
Die Mitspieler beginnen, sich zu beraten und zu einigen, bis jeder mit seiner Rolle zufrieden ist. Jeder horcht in sich hinein und begreift, welche wichtige Bedeutung seine Rolle hat. Die Mitspieler erkennen auch, dass sie ihre Rolle mit ins tägliche Leben hineinnehmen können.

Ziel

In diesem Stück werden die Kinder und die Zuschauer daran erinnert, dass sie im wirklichen Leben auch „eine Rolle spielen", ja dass sie sogar die weihnachtlichen Rollen in ihr Leben einbeziehen können.

Wie das Stück entstanden ist

Wie unschwer zu erkennen ist, entstand dieses Weihnachtsstück ganz aus den Impulsen meiner Theaterkinder:
„Ich will die Heilige Maria spielen!" – „Nein, ich!"
Dabei hatte ich nur angefragt, ob sie Lust hätten, trotz knapper Zeit für das Weihnachtsfest ein kleines Krippenspiel einzustudieren.

Ich lehnte mich gemütlich zurück und heizte in frecher Weise auch noch die Kampfesstimmung an:
„Wer von euch kann eigentlich am frömmsten schauen?
Wer kann am längsten knien?
Wer kann wie ein Esel dreinschauen?" (Niemand!)
Der Wettbewerb war voll entbrannt.
Als „Zuschauerin" konnte ich schon jetzt ein lebendiges, spannendes Theater sehen.
Die anschließende Selbstbesinnung mündete aber bei den Kindern fast in Schuldgefühlen:

Plötzlich hatte ich in der Gruppe lauter „Opferlämmer".
Auch ich machte mir Vorwürfe: Was hatte ich nur angestellt!
Hatte mich „der Teufel geritten", dass ich sie in diesem
Konkurrenzkampf bestärkt hatte?
Ich war einerseits belustigt, andererseits beunruhigt.
Eigentlich war das Weihnachtsstück schon fertig:
Kinder, junge Menschen, die Konkurrenz offen austragen,
die aus ihren gegenseitigen Schmähungen und Beleidigungen
herausfinden, die nachdenken über sich und dadurch
zum friedlichen Handeln und zu einer Einigung kommen,
die alle zufrieden stellt!

Aber so nah bei sich die Kinder gekämpft hatten,
so weit entfernt von theologischen oder psychologischen
Theorien waren sie.
Ihnen war es um eine attraktive Rolle gegangen.
Aber welche Rollen sind attraktiv?
Warum ist die Heilige Maria so attraktiv und
warum ist der Heilige Josef so unattraktiv?
Warum fangen die „braven" Mädchen zu streiten an
und die „frechen" Jungen schauen engelhaft schmunzelnd zu?
Was haben die Kinder mit den Rollen zu tun, die sie spielen
wollen? Was bedeuten die Rollen der Krippenfiguren?

Natürlich ist es nicht möglich, alle Facetten einer biblischen
Gestalt im Rollenspiel zu beleuchten, sondern nur die Aspekte,
die den Kindern nahe und verständlich sind.
Allerdings reichte mir wiederum nicht aus, Maria als
„schön und glücklich" und Josef als „alt und entsagungsvoll"
zu interpretieren. Die Krippenfiguren symbolisieren
in diesem Spiel verschiedene Haltungen, die ein Mensch
zur Welt einnehmen kann. So entstand ein Spielkonzept,
in dem die jungen Spieler sich auf der Handlungsebene
frei ausdrücken können, während ich einen straffen
Interpretationsrahmen vorgegeben habe:
Gegen die sonstige Gewohnheit habe ich
die Aussagen der „Engel" sprachlich festgelegt.
Sie steuern den Ablauf und verdeutlichen
wortarm die inhaltliche Aussage des Stückes.

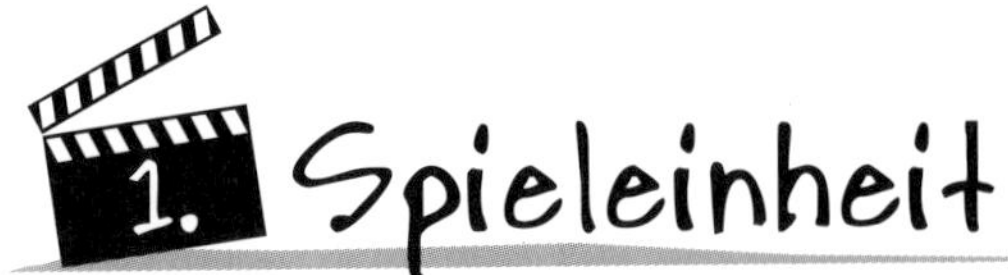

Wer will die Heilige Maria spielen?

Material

* feierliche Musik
* aggressive Musik
* Darstellung einer Krippe
* Schilder mit den Namen der Krippenfiguren bzw. groß kopierte Bilder der Krippenfiguren (S. 172, 173)
* Szenenvorlage (Textbeispiel siehe S. 161, 162)

Entwicklungsschritte

Beim **Warm-up** fühlen sich die Kinder über die Wahrnehmung der Körperhaltung in den Ausdruck der Krippenfiguren ein.
Sie erfassen den statischen darstellenden Charakter der Figuren ohne Worte. Bei der **Erarbeitung** wird das Konkurrieren der Spieler um die beste Rolle bewusst gemacht: Wie sie verkommt zu einer einfachen Sieger/Verlierer-Mentalität oder wie sie hilft, die eigenen Fähigkeiten in der fairen Auseinandersetzung mit den anderen zu entwickeln. Bereits in der ersten Spieleinheit wird dann mit der **Szenenvorlage** (Textbeispiel siehe S. 161, 162) das Konzept hervorgeholt und damit eine straffe Struktur vorgegeben. Erste „Kampfübungen" werden absolviert und der sogenannte „Stopp" eingeführt: Sobald ein Kind oder der Spielleiter „Stopp" ruft, lassen die Kämpfer augenblicklich voneinander ab. Während sich die Spieler am Anfang eine Rolle „genommen" haben, „überlassen" sie ihre Rolle am Ende der Stunde jemand anderem.

Durchführung

Das Krippenfiguren-Spiel (1)

Die Gruppe schaut eine Krippe bzw. das Bild einer Krippe an. Verteilen Sie anschließend Schilder mit den Namen einzelner Krippenfiguren oder die groß kopierten

Bilder der Krippenfiguren (S. 172, 173) auf dem Boden. Je nach Gruppengröße sind es ein bis vier Schilder weniger als Spieler. Alle nehmen einen Platz ein und ahmen die Haltung der zugehörigen Krippenfigur nach. Zu feierlicher Musik schreiten die restlichen Kinder auf eine Figur zu, nehmen dahinter die gleiche Haltung ein und „vertreiben" damit das Kind, das bisher diese Pose innehatte. Auf diese Weise sollte jedes Kind mehrere verschiedene Krippenfiguren nachahmen.

B | ERARBEITUNG

Rollenkonflikt

Geben Sie jetzt bekannt, dass ein Krippenspiel einstudiert werden soll und provozieren Sie eine offene Auseinandersetzung der Kinder um die Rollen. Wenn kein Streit in Gang kommt, hilft die einfache Frage: Wer will die Heilige Maria (bzw. sonstige Rolle) spielen? Aus dem Halbkreis heraus werden anschließend die Argumente und eventuell Gemeinheiten, die die Kinder voneinander gehört haben, von je zwei Partnern vorgespielt. Diese geben sich nach dem Spiel die Hand um zu bekräftigen, dass ihre Szene Spiel war und kein Ernst.
In einer zweiten Runde übertreiben wir den Streit:
Die Kinder stellen sich mit den Rücken gegeneinander auf und versuchen, sich gegenseitig wegzuschieben, während sie sprechen. In einem Gespräch klären wir miteinander, ob sich noch jemand verletzt fühlt und hören uns Meinungen über Weihnachten und Frieden sowie über weitere Rollen und Rollenwünsche an.
Die Szenenvorlage (Textbeispiel siehe S. 161, 162) wird ausgeteilt und vorgelesen. Nun verteilt sich die ganze Gruppe im Raum. Lesen Sie nochmals den Text der Szenenvorlage bis zu der Stelle vor, an der die Theatergruppe anfängt, sich über die Rollen zu streiten. Dabei muss sich der Streit natürlich nicht zwingend um die Rolle der Hl. Maria drehen, sondern kann sich auch auf andere Rollen beziehen. Schalten Sie leise Musik ein und lassen Sie die Spieler ausprobieren, was sie sagen oder tun wollen. Kommt ein gefährlicher Kampf auf, rufen Sie „Stopp" und erklären Sie: „Jeder lässt den anderen sofort los, wenn der Spielleiter oder der Partner ‚stopp' ruft!"

C AUSKLANG

Das Krippenfiguren-Spiel (2)

Zum Schluss wird das gleiche Spiel wie am Anfang beim „Warm-up" gespielt. Diesmal bleiben jedoch die Kinder ohne Rolle vor den „Krippenfiguren" stehen, und diese überlassen ihnen mit einladender Gebärde den Platz.

2. Spieleinheit

Kampfproben und Rollenwahl

Material

- feierliche Musik
- Krippenfiguren (S. 172, 173) und Darstellung einer Krippe
- Textvorlage (für die Hand der Kinder) (S. 163–165)
- Text des Weihnachtsevangeliums
- Schreibstifte
- Rollenkarten für die Rollenwahl (beschriftet mit allen Krippenfiguren, die in dem Stück vorkommen sollen)
- „Kampfstöcke" (z.B. ca. 50 cm lange Papprollen oder aufgerollte Zeitungen)
- Matten
- Requisitenkoffer mit Tüchern, Hüten, Masken etc.

Entwicklungsschritte

Damit die Kinder bei den Kampfspielen auch die Mimik einbeziehen, üben wir beim **Warm-up** Grimassen zu schneiden. Anschließend wird das Stück entsprechend der Textvorlage (S. 163–165) bis zur „Kampfszene" erarbeitet.
Ein Teil jeder Übungsstunde kann dem **„Kämpfen"** gewidmet werden: kämpfen mit Worten, kämpfen mit einzelnen Körperteilen oder dem ganzen Körper, schieben oder ziehen, kämpfen mit (Papp-)Stöcken, in Zeitlupe oder mit rhythmischen Bewegungen.
Anschließend wird mit den Kindern das **Weihnachtsevangelium** besprochen. Zur Veranschaulichung dient dabei eine Krippendarstellung. Die Kinder denken über das Evangelium nach und verknüpfen die Inhalte mit dem eigenen Erfahrungshintergrund.
Dem „Kampfmotiv" wird beim **Ja-Spiel** das Vertrauen entgegengesetzt: Indem wir alle Vorschläge der anderen bejahen, kommen wir in Schwung und können unser Rollenproblem in Fröhlichkeit und Offenheit lösen.
Nach der **Rollenwahl** dürfen die Kinder nach Herzenslust in dem Requisitenkoffer wühlen und sich gegenseitig beim Aussuchen der Kostüme helfen.
Zum **Ausklang** präsentieren sich die Spieler zu feierlicher Musik in ihren Kostümen.

Durchführung

Das Grimassen-Spiel

Die Gruppe halbiert sich in einen stehenden Außen- und Innenkreis. Die Kinder im Innenkreis schauen die Kinder im Außenkreis an. Nun kommt eine seltsame Art der Begrüßung: der Partner im Außenkreis schneidet eine böse Grimasse, der im Innenkreis macht die gleiche Grimasse nach und rutscht dann nach rechts zum Nächsten weiter.
Sind alle wieder am Ausgangspunkt zurück, wird gewechselt. Nach dieser Übung gehen wir zu Musik durcheinander und schütteln lächelnd so viele Hände wie möglich.

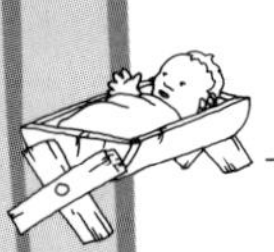

B ERARBEITUNG

 Anfang des Stückes

Lesen Sie Vorspann und Szene 1 der Textvorlage (S. 163–165) vor. Danach spielen die Kinder das Stück bis zum Kampf. Der Streit in der Theatergruppe wird entsprechend den in der ersten Spieleinheit erarbeiteten Argumenten der Kinder, warum sie für welche Rolle besonders geeignet sind, durchgeführt.

 Kampfübungen

Lassen Sie die Kinder mit Schiebe- und Drückkämpfen beginnen, bei denen in der Großgruppe der „Stopp" eingeführt wird.
Den Kindern muss klar sein, dass der Kampf nur gespielt wird und nicht ausarten darf, sondern immer kontrollierbar bleibt und bei „Stopp" sofort zu beenden ist.
Die Kinder können pantomimisch Seilziehen spielen, mit den Pappstöcken aneinander schlagen, beim Ringen den Gegner mit der Schulter auf die Matte drücken, Kämpfe in Zeitlupe ausführen und Wortkämpfe mit Vorwärtsbewegung des „Angreifers" und Rückwärtsbewegung des „Angegriffenen" durchführen. Bei allen Kämpfen gilt die „Stopp"-Abmachung.
Die Angst zu „verletzen" oder „verletzt" zu werden, die Erfahrungen mit Angriff und Verteidigung, mit Siegen und Verlieren, mit Abmachungen, wer diesmal verlieren soll, bereiten die Spieler auf Elemente des Bühnenkampfes vor.
Nicht der „Angreifer" lenkt die Bewegungen, sondern das Opfer. Das Opfer hält den angreifenden Teil (Hand, Fuß, Stock) des Gegners fest und steuert ihn. Der Angreifer ist ganz locker und beschäftigt sich mit seinem Körperausdruck.
Beim „Haareziehen" z.B. hält das Opfer sein Haarbüschel ganz fest. So tut es gar nicht weh, wenn der Gegner zieht.
Nach und nach werden die Kinder darauf vorbereitet, mit Stöcken und Schreien einen rhythmischen Kampf mit kontrollierten Emotionen nachzuspielen ohne sich weder körperlich noch seelisch zu verletzen.

Krippe und Weihnachtsevangelium

Betrachten Sie gemeinsam mit den Kindern eine Weihnachtskrippe oder die Abbildung einer Krippe. Regen Sie die Kinder zu folgenden Überlegungen an: Womit mussten die Personen aus der Weihnachtsgeschichte in ihrem Leben kämpfen? – Mögliche Ergebnisse: Die Hirten mit den Wölfen, Josef musste Maria schützen, Maria musste hochschwanger einen langen Weg gehen … Lesen oder tragen Sie dann das Weihnachtsevangelium vor. Sammeln Sie mit den Kindern Wissen rund um die biblische Geschichte und besprechen Sie die einzelnen Figuren der Geschichte und deren Bedeutung.

Ja-Spiel

Mit dem Ja-Spiel wird die Rollenwahl vorbereitet:
„Um die Rollen im Krippenspiel zu kämpfen passt gar nicht zu Weihnachten. Bevor wir wählen, üben wir in der Gruppe, wie wir uns gegenseitig unterstützen und nicht blockieren. Ich mache drei Vorschläge, dann seid ihr dran mit Vorschlägen. Die Antwort auf jeden Vorschlag lautet immer ‚Ja' und die ganze Gruppe spielt den Vorschlag pantomimisch nach. Zum Schluss des Spieles mache ich wieder drei Vorschläge, die mit der Rollenwahl zu tun haben."

Beispiel:
„Wir ziehen alle an einem Strang!" – „Ja!"
„Wir schauen alle zum Fenster hinaus!" – „Ja!"
„Wir hüpfen alle auf einem Bein!" – „Ja!"
(Dann Vorschläge der Kinder …)
„Wir legen jetzt die Rollenkarten im Kreis aus!" – „Ja!"
„Wir stellen uns zu unserer Lieblingsrolle!" – „Ja!"
„Wir setzen uns mucksmäuschenstill auf den Boden!" – „Ja!"
Unser „Ja-Spiel" ist jetzt zu Ende.
Schaue den Konkurrenten, die die gleiche Rolle wollen wie du, ins Gesicht!
Überlegt gemeinsam einen Ausweg!

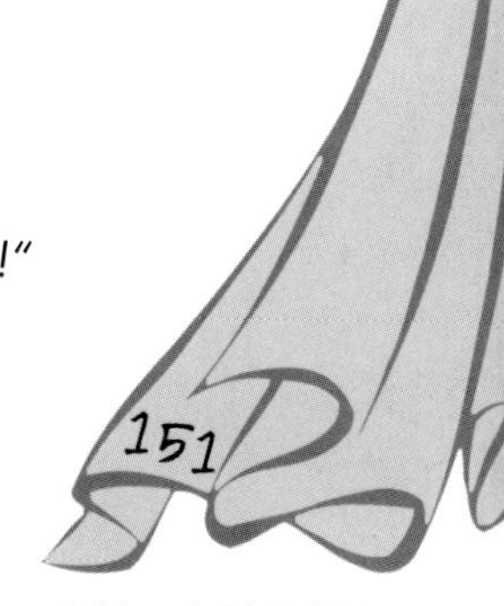

Legen Sie nun gemeinsam mit den Kindern am besten mit Hilfe der Rollenkarten die Rollen fest: welche Rollen sollen in dem Stück vorkommen und wer spielt welche Rolle? Die Kinder, die die Rolle der Engel 1–3 übernehmen, bekommen die Textvorlage (S. 163–165). Sie haben ausnahmsweise eine Rolle, deren Dialoge festgelegt sind und auswendig gelernt werden müssen.

Requisitenkoffer

Die Kinder dürfen sich jetzt die Kostüme für ihre Rolle zusammenstellen. Ein Gespräch findet statt, wie die Kostüme komplettiert werden und wer noch was mitbringen kann.

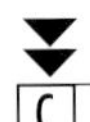

C AUSKLANG

Weihnachtsprozession

Zu feierlicher Musik präsentieren sich die Darsteller in einer Weihnachtsprozession.

Kostümprobe / Vom Kampf zum Tanz

Material

- ✱ Requisitenkoffer
- ✱ Papprollen
- ✱ aggressive Musik
- ✱ Textvorlage für die Hand der Kinder (S. 163–165)
- ✱ Schreibsachen
- ✱ stabiler Tisch
- ✱ einige Stühle
- ✱ großes Tuch in blau oder grün
- ✱ Sterne an Stäben
- ✱ Stoppuhr
- ✱ Kostüme und weitere Requisiten, wie z.B.:
  - Hüte, Stöcke, Mäntel, Bärte (für Josef und die Hirten)
  - blauer langer Schleier (für Maria)
  - Babypuppe, mit Goldband in Kissen geschnürt (als Jesuskind)
  - Engelskronen (z.B. aus Pappe) und weiße Hemden (für die Engel und die Sterne)
  - Kronen (z.B. aus Pappe) und Umhänge (für die Heiligen Drei Könige)
  - große (Papp-)Sterne an Stangen
  - kleine Flokati-Teppiche oder umgestülpte Innenfutter von Winterjacken (für Ochs, Esel und Schafe)
  - Konturmasken für die Tiere (Kopiervorlagen siehe S. 170, 171)

Entwicklungsschritte

„Verkleiden" spielen die meisten Kinder mit Lust und versinken dabei ganz in ihrer anderen Welt, der Spielwelt. In dieser Spieleinheit sollen sie das im **Warm-up** eine geraume Weile dürfen. Als Gegensatz dazu trainieren die Kinder, sich so schnell wie möglich an- und auszukleiden und die Kostüme immer am gleichen Platz zu deponieren.

Nach dem **Aufbau der Szene** wird der Anfang des Stückes mit der Textvorlage und teilweise aus dem Stegreif bis zur Kampfszene gespielt. Nun wird auf der Basis des Vierertaktes mit Bewegungen improvisiert und ausprobiert, bis die Schrittfolgen und Gesten wiederholbar werden und ein **Tanz** entsteht. Auf dieses Körpertraining folgt ein beruhigender **Stundenausklang:** Die Kinder dürfen sich nochmals kostümieren und als Krippenfiguren auftreten.

Durchführung

Kostümrekord

Nachdem Sie den Kindern Zeit zum freien Spiel mit dem Requisitenkoffer gelassen haben, dürfen sie ihre endgültige Verkleidung für ihre Rolle auswählen und anziehen.
Mit der Stoppuhr in der Hand rufen Sie zum Kostümrekord auf: Wie lange braucht die Gruppe, bis alle kostümiert sind? Wie lange braucht sie, bis alle Kostüme wieder abgelegt sind? Beim An- und Ausziehen nach Zeit lassen die Kinder bald alles Überflüssige weg.

Szenenaufbau

Jetzt wird der Tisch samt Stühlen aufgebaut (siehe S. 159: Aufbau und Requisite). Bei der Stellprobe wird der genaue Platz für die Kostüme festgelegt, sodass sie für jeden schnell greifbar sind.
So kommen z.B. die „Tierfelle" in einen Korb links unterm Tisch, in die Mitte Marias und Josefs Sachen, rechts die Sachen der Hirten, die Stöcke lehnen an der Wand hinter dem Tisch, die Hüte hängen auf den Stöcken, die Sterne stehen links und rechts ...

Spielen nach Textvorlage

Nachdem feststeht, wer anfangs auf dem Tisch steht und wer auf dem Tisch oder auf den Stühlen sitzt,

treten die Engel mit ihrer Textvorlage vor. Sie können ihnen erhöhte Standpunkte geben oder sie ebenerdig spielen lassen. Als Erhöhung haben sich bei uns große schwarze Maurereimer bewährt, die je nach Theaterstück bemalt oder eingewickelt werden.
Das Stück wird von Anfang an gespielt, wobei die Engel mit Hilfe der Textvorlage (S. 163–165) den vorgegebenen Text sprechen, während die anderen Darsteller dazu frei spielen, was ihnen gerade einfällt. Wem nichts einfällt, der kann mittels Körpersprache ausdrücken, dass er zu hochnäsig ist, überhaupt was zu sagen. Wer dran war, holt seine Papprollen aus dem Korb, der vorn unter „Marias Stuhl" deponiert ist, geht auf seinen Platz zurück und nimmt eine grimmige Kampfpose ein.

Vom Kampf zum Tanz

Da die Engel die einzigen sind, die ihr Kostüm vom Anfang des Stückes bis zum Schluss behalten, üben sie beim Kampf nicht mit. Sie können statt dessen nun fehlende Requisiten anfertigen, Einladungen entwerfen, oder Regie in den Gruppen führen.
Je nach Bühnenverhältnissen kann der Tanz als Kreistanz, als Gasse, als Halbkreis oder mit wechselnder Formation mit oder ohne Soloeinlagen erarbeitet werden. Günstig ist ein Vierertakt, den Sie anfangs gemeinsam mit den Stöcken auf den Boden stampfen und variieren: links, rechts, beide Stöcke oder einmal auf den Boden klopfen, einmal vor der Brust die Stöcke kreuzen, einmal über den Kopf schwingen und „ha" rufen, vierter Schlag wieder auf dem Boden.
Lassen Sie die Soloeinlagen dazu in Vierergruppen üben: Zwei Kinder spielen den Grundschlag und zwei sind die „Kampfhähne", die gegeneinander antreten.
Wenn das erste Paar sein Solo entwickelt hat, übernimmt es den Grundschlag und das andere Paar übt.
Nach der Vorführung tauschen die Solisten ihre besten Ideen aus und zeigen den anderen „Kämpfern" die besten Drehungen, Hiebe und Sprünge.
Im Ensemble üben wir in verschiedenen Formationen, stehend und gehend den Grundschlag mit den erarbeiteten Solos und legen uns Schritt für Schritt auf eine Variante fest.

Auftritt als Krippenfiguren

Sie erklären im Sitzkreis, dass Sie heute die Szene überspringen, in der die Kinder auf ihre Lieblingsrolle verzichten wollen, die Engel das Fest der Freude verkünden und alle im Ja-Spiel ihre Rollen finden. Nehmen Sie wieder die Stoppuhr zur Hand und lassen Sie die Kinder in die Kostüme schlüpfen!
Nachdem die Kinder hoffentlich ihren eigenen Weltrekord im Kostümanziehen übertroffen haben, ziehen sie durch das Tor, das die Engel mit ihren Händen bilden, zu ihrem Platz an der „Krippe". Dabei lenken Sie nicht sprachlich, sondern weisen den Spielern stumm ihren Platz zu. Die Engel sprechen ihre Sätze, Maria und Josef bekommen die ihren noch vorgelesen.
Wir verweilen zu weihnachtlicher Musik kurz in der Krippenpose, legen still unsere Gewänder an den Platz und verabschieden uns.

Arbeit am Text/ Einüben der festgelegten Teile

Material

- Wie in der letzten Spieleinheit (siehe S. 153)

zusätzlich:

- Szenenvorlage (Textbeispiel siehe S. 161, 162)
- Nummernkärtchen für alle Kinder
- Knöpfe

Entwicklungsschritte

Lassen Sie nach einem aufmunternden **Anfangsspiel** beim **Warm-up** mit schnellem Platzwechsel das Stück von Anfang an durchspielen. An schwierigen Stellen sollten Sie ruhig Unterbrechungen einfügen, um an Einzelheiten zu feilen. Die Texte der Kinder aus der „Theatergruppe" werden jetzt genauer strukturiert und variiert und die Ergebnisse in den Szenenvorlagen festgehalten.

Durchführung

A WARM-UP

Plätze tauschen

Die Kinder bilden einen Stuhlkreis. Ein Kind ist der „Fänger"; sein Stuhl wird weggenommen. Der Fänger ruft z.B.: „Schafe!" – Jetzt müssen alle Kinder, die in dem Stück ein Schaf spielen, den Platz wechseln und der Fänger kann sich auf einen frei gewordenen Stuhl setzen. Nun geht das Spiel weiter: „Engel!" – „Hirten!" – „Heilige Familie!" – „Alle Tiere!" im Wechsel.

B ERARBEITUNG VON SZENE 1

Rollenkonflikt

Mit der Stoppuhr in der Hand geben Sie den Einsatz zum Aufbau der Szene und zum Bereitstellen der Kostüme und Requisiten. Die Zeit wird für alle sichtbar notiert.
Das Stück wird bis zur Kampfszene gespielt. Dann darf jedes Kind eine Nummer ziehen und die Anfangsposition auf dem Tisch oder Stuhl wieder einnehmen. Fordern Sie die Kinder auf, zu ihren Zahlen-Vorgängern und Nachfolgern Blickkontakt aufzunehmen und erklären Sie, dass jetzt die Reihenfolge, wer wann sprechen darf, vorübergehend festgelegt wird. Werfen Sie die Knöpfe aus. Das Kind mit der Nummer 1 geht auf den hintersten Platz (zum hintersten Knopf) und sagt seinen Satz, z.B. *„Ich darf die Heilige Maria spielen, ich habe die schönsten Haare!"*. Kind 2 verlässt die Anfangsaufstellung und geht zum zweithintersten Knopf.

Es spottet über Kind 1 und bringt dann sein eigenes Argument vor, z.B. *„Blonde Haare! Igitt! Ich will die Heilige Maria spielen, ich kann am längsten knien."* Bei dieser Übung lernen die Kinder, zuzuhören und im Gespräch aufeinander einzugehen, auch wenn es sich hier um einen Streit handelt.

 Klau den Satz

Bei dieser Übung ist Flexibilität gefragt. Wieder gehen die Kinder in die Ausgangsposition zurück. Alles läuft ab wie vorher, aber jeder wählt die Aussagen und Begründungen eines anderen Kindes; die Sätze von vorher werden also „geklaut". Deshalb muss auch der Nachfolger etwas anderes antworten als soeben. Danach schreiben die Kinder ihre Lieblingssätze für Szene 1 in den ersten Teil der Szenenvorlage (siehe Beispiel S. 161, 162).
Wieder stellt sich die Gruppe in die Anfangsposition; Sie jedoch „zaubern" diesmal die Nummerierung weg und lassen die Kinder frei spielen und ihre Auftritte über Blickkontakt regeln. Ob das gelingt? Die Kinder werden ihr Bestes geben!
Nach dieser Anstrengung für das Gehirn ist wieder Bewegung fällig: Der Kampf-Tanz wird wiederholt, während die Engel ihren Text (am besten in einem Nebenraum) trainieren.

C | ERARBEITUNG VON SZENE 2 UND 3

 Falscher Opfermut

Nun werden die freien Texte aus Szene 2 und Szene 3 so wie oben trainiert. Die Szenenvorlage (siehe Beispiel S. 161, 162) wird von den Kindern ausgefüllt. Sie muss nicht den kompletten Text enthalten, sondern nur ihre eigenen Argumente.

D | AUSKLANG

 Szene 4

Ob zum Schluss noch ein Durchgang bis Szene 4 gelingt? Wenn nicht, folgt nach dem Aufräumen ein Spiel nach Wahl der Kinder.

5. & weitere Spieleinheiten:

Probenarbeit

In einer weiteren Spieleinheit wird der freie Text aus Szene 4 wie oben (siehe 4. Spieleinheit) erarbeitet. Auch für diese Szene tragen die Kinder ihren Text wieder in die Szenenvorlage (Beispieltext siehe S. 161, 162) ein. Danach wird das ganze Stück mit allen Elementen von vorne bis zum Schluss eingeübt. Es empfiehlt sich, ab jetzt jede Probe mit einigen Weihnachtsliedern zu beginnen, damit die Kinderstimmen bereits etwas auf das deutliche Sprechen in der Vorführung vorbereitet sind.

Material (für das Bühnenbild)

* stabiler Tisch
* einige Stühle
* großes Tuch in blau oder grün

Kostüme und weitere Requisiten

* Kostüme und Requisiten für die einzelnen Rollen
* Kampfstöcke aus Papprollen
* Karten aus goldenem Papier (als goldene Rollenkarten)

Tipps

- Alle Kostüme sollten ganz leicht an- und auszuziehen sein, sodass im Stück keine Verzögerungen durch das Anziehen entstehen.
- Für die Kinder ist sehr schwer einzusehen, die Tiere im Stehen darzustellen und nicht auf allen Vieren, wo sie vom Publikum nicht gesehen werden. Daher gilt: „In der Heiligen Nacht können alle Tiere auf zwei Beinen gehen!"

Aufbau und Requisite

Dieses Stück lebt nicht nur vom Spiel und der Sprache, sondern auch vom optischen Aufbau. Durch den entsprechenden statischen Aufbau kann dieses Stück auf engstem Raum in einem Klassenraum o.Ä. genauso wirken wie in der weitläufigen Turnhalle.

Orientierungshilfe für den Spielleiter: Möglicher Aufbau der Szenen

Vorspann

Ausgangsposition ist ein Tisch mit Stühlen davor.
So kann die Gruppe drei Ebenen ausfüllen: Stehend auf dem Tisch, sitzend auf dem Tisch, sitzend auf den Stühlen davor (Aufstellung wie für ein Gruppenfoto). Die Kostüme und Requisiten der Theaterkinder sind alle unter dem Tisch und den Stühlen deponiert, sodass alle Spieler einen schnellen Zugriff darauf haben. Links und rechts können zwei Kinder als „Sterne" stehen, die z.B. die Stange mit dem (Papp-)Stern in der Hand halten.
Bei einer kleinen Gruppe gibt es nur ein Kind als Weihnachtsstern.

Zwischen Vorspann und Szene 1

Um eine lockere Anordnung der Spieler zu erreichen, wirft der Spielleiter Knöpfe auf den Boden, bevor die Spieler sprechend in den Vordergrund treten. Das erste Kind geht zum hintersten Knopf, das zweite einen weiter vor. Das verhindert, dass alle in einer Reihe stehen oder gar darum kämpfen, im Vordergrund zu stehen.

Szene 1

Der „Kampf" findet auf dem Platz vor dem Tisch statt.
Auch hier gibt es, je nach Zeit und Lust, verschiedene Möglichkeiten: Entweder führt die Gruppe rhythmische Bewegungen mit Kampfstöcken oder langen Papprollen aus und je zwei Spieler spielen im Vordergrund ihre Kampfszene (einfachste Version zum Einstudieren); oder die ganze Gruppe bewegt sich mit fest eingeübten Bewegungen im Kreis; oder alle bilden eine Kampfgasse, wobei die Vordersten jeweils mit einem Schrei auseinanderfahren und im Hintergrund verschwinden, während das nächste Kampfpaar im Vordergrund agiert, usw.
Je nach Aufführungsort, ob in einem engen Raum oder in der geräumigen Turnhalle, kann die Kampfszene variabel angelegt werden, sodass z.B. in einer Halle eine „Vollversion" zu sehen ist, im kleinen Raum hingegen eine „Kernversion".
Kämpfe auf dem Boden kommen nicht zur Geltung.

Szene 3

Zum Aufbau der Krippe breiten die Engel ein großes Tuch über einem Stuhl aus, auf dem anschließend die Heilige Maria mit der Christkindpuppe sitzt. Um sie postieren sich die Spieler wieder wie zum Fototermin.

Szene 4 und Schluss

Wenn sich die Tiere ihrer Rolle entledigen, hängen sie die Masken auf den Stuhl der „Heiligen Maria". Auf die Mäntel von Josef und Maria wird das „Christkind" gelegt. Die Spieler gehen an ihre Ausgangsplätze zurück. Beim Schlusslied wird das „Christkind" einer Person aus dem Publikum zum Wiegen gegeben.

Beispiel für eine **Szenenvorlage** zu: „Das Krippenspiel"

1. Eine Theatergruppe will ein Krippenspiel einstudieren. Jedes Mädchen will natürlich die Heilige Maria (bzw. eine andere Rolle) spielen. Ein Kampf um die Rolle entbrennt. Die Mädchen bringen gute und unverschämte, passende und unpassende Argumente, warum gerade sie die Heilige Maria spielen wollen.

   Warum ich geeignet bin?

   ____

   (Dein Lieblingssatz, warum du die Heilige Maria spielen willst)

   Warum du nicht geeignet bist:

   ____

   (Dein Lieblingssatz, warum ein anderer nicht die Heilige Maria spielen soll)

2. Höhepunkt des Streits ist ein Kampfgetümmel: Ein Tanz mit rhythmischen Stäben.
3. Die Engel gebieten Einhalt: Weihnachten ist doch das Fest der Liebe und des Friedens! Die Theaterkinder besinnen sich so gründlich, dass sie nun das Gegenteil tun:

Vor lauter Großzügigkeit wollen sie ihre Lieblingsrolle den anderen überlassen.

Mein Angebot:

____

(Dein Lieblingssatz, warum du zu Gunsten der anderen verzichten willst)

4. Am Schluss der Szene stehen alle mit gesenkten Köpfen da, sind traurig und wollen gar nicht mehr spielen.
5. Die Engel mahnen, dass Weihnachten nicht das Fest des Opferns sei.
6. Nun sprechen die Kinder untereinander über die Rollen und können sich einigen. (Denkt an die Regeln der Rollenwahl und spielt das „Ja-Spiel".)
7. Die Engel erklären dem Publikum die Bedeutung der einzelnen Krippenfiguren in einfachen Worten.
8. Als die Krippe steht, wollen die Theaterkinder Weihnachten spielen, aber die Engel mahnen, dass Weihnachten kein Spiel sei. Weihnachten müsse man leben.
9. Die Theaterkinder murren. Davon haben sie noch nie etwas gehört. Weihnachten leben, wie soll denn das gehen?

Mein Einwand:

____

____

(Dein Lieblingssatz, der deine Zweifel und Fragen zum Ausdruck bringt, ob und wie Weihnachten gelebt werden kann)

10. Die Engel ermutigen die Kinder, ihre Rollen abzulegen. Sie senden die Rollenträger mit einem Auftrag in die Welt: Sei wie ein Engel, wie ein Hirte, wie ein Tier, …
11. Am Schluss steht die Theatergruppe ohne Verkleidung wieder in der Ausgangsposition und singt mit den Zuschauern ein Weihnachtslied. Jemand aus dem Publikum darf zum Lied das Christkind wiegen.

Textvorlage
(für die Hand der **Kinder**)

Vorspann

Die Requisiten und Verkleidungen sind unter dem Tisch und auf den Stühlen hergerichtet.
Zwei Sterne an langen Stangen stehen links und rechts des Tisches.
Seitlich sind ein Stuhl und ein großes Tuch hergerichtet.
Die Kampfstöcke liegen in einem Korb für alle bereit.
Die Spieler nehmen ihre Standorte auf oder vor dem Tisch ein.

Gemeinsames Singen eines bekannten Weihnachtslieds

Engel 1: *Es war einmal eine Theatergruppe …*
Engel 2: *die wollte ein Krippenspiel aufführen.*
Engel 1: *Leider fingen sie an,*
Engel 2: *um die Rollen zu streiten.*

Szene 1: Der Streit

Die Spieler verteilen sich (mit Hilfe von in den Raum geworfenen Münzen) auf der Bühne.

Theatergruppe: (Freier Text der Theatergruppe darüber, wer die Heilige Maria spielen darf)

Ein Tanz mit Rhythmikstäben symbolisiert Kampf und Streit.

Szene 2: Falscher Opfermut

Engel 1: *Aber Weihnachten ist doch das Fest der Liebe!*
Engel 2: *Aber Weihnachten ist doch das Fest des Friedens!*
Theatergruppe: (Freier Text der Theatergruppe, dass jeder zu Gunsten des anderen verzichten will)

Szene 3: Die Theatergruppe tritt auf

Engel 1: *Aber Weihnachten ist doch nicht
das Fest der Traurigkeit!*
Engel 2: *Wenn alle tun, was sie gar nicht wollen,
kommt keine Freude auf!*
Theatergruppe: (Freier Text der Theatergruppe,
die im „Ja-Spiel" die Rollen vergibt)

Eine Weihnachtsmusik erklingt, live von
einer Kindergruppe gesungen oder von der CD.
Die Engel richten die Szene mit Stuhl und Tuch darüber
und bilden dann ein Tor mit ihren Händen.
Durch das Tor treten die Spieler in ihre Rollen
und stellen sich als lebendige Krippe auf.

Die Engel kommentieren den Auftritt:

Engel 1:	**Engel 2:**
Was tun die Engel?	*Sie leuchten und schauen.*
Und Josef und Maria?	*Sie vertrauen.*
Was tun die Tiere?	*Sie wärmen den Stall.*
Was tun die Hirten?	*Sie singen mit Schall.*
Was tun die Könige?	*Sie lassen sich lenken, sie ehren das Kind im Tun und Denken.*
Was tut der Stern?	*Er zeigt ein Ziel, da treffen sich Menschen, bunt und viel.*

Josef: *Das Christkind tut nichts.*
Maria: *Es ist neu und klein
und will unser Allerliebstes sein.*

Theatergruppe: *Jetzt spielen wir Weihnachten!*

Szene 4: Die Verkleidung ablegen

Engel 1: *Weihnachten ist kein Spiel!*
Engel 2: *Kannst du Weihnachten leben?*

Theatergruppe: (Freier Text der Theatergruppe, wobei sie ihre Zweifel und Fragen zum Ausdruck bringt, ob und wie Weihnachten gelebt werden kann)

Engel 1: *Du brauchst dich nicht zu verkleiden!*
Engel 2: *Leg deine Verkleidung einfach ab!*
Engel 1: *Nimm deine Rolle in dich hinein!*
Engel 2: *Und achte auf dich, wie du bist!*

Weihnachtliche Musik wie oben.
Die Rollenträger legen ihre Verkleidungen an den vorgesehenen Stellen ab und platzieren sich in ihrer Ausgangsposition.
Die Engel überreichen den Spielern goldene Rollenkarten, während sie erklären:

Engel 1: *Wie die Engel leuchtet und schaut,*
Engel 2: *wie das heilige Paar vertraut!*
Engel 1: *Wie die Tiere dürft ihr Wärme spenden,*
Engel 2: *wie die Hirten Freude verschenken!*
Engel 1: *Wie die Könige lasst euch lenken,*
Engel 2: *helft zu forschen und nachzudenken.*
Engel 1: *Wie der Stern führt Menschen zum Ziel,*
Engel 1 und Engel 2: *das sei euer Weihnachtsspiel!*

Schluss

Weihnachtslied

Die Kinder, die Maria und Josef gespielt haben, nehmen die Christkindpuppe vom Stuhl, wiegen sie und geben sie an eine Person im Publikum weiter.

Textbeispiel für die Hand des **Spielleiters**

„Das Krippenspiel"

Vorspann

Die Requisiten und Verkleidungen sind unter dem
Tisch und auf den Stühlen hergerichtet.
Zwei Sterne an langen Stangen stehen links und rechts des Tisches.
Seitlich sind ein Stuhl und ein großes Tuch hergerichtet.
Die Kampfstöcke liegen in einem Korb für alle bereit.
Die Spieler nehmen ihre Standorte auf oder vor dem Tisch ein.
Die Engel können auf Schemelchen oder Stühle gestellt werden.

Gemeinsames Singen eines bekannten Weihnachtslieds

Engel 1: *Es war einmal eine Theatergruppe …*
Engel 2: *die wollte ein Krippenspiel aufführen.*
Engel 1: *Leider fingen sie an,*
Engel 2: *um die Rollen zu streiten.*

Szene 1: Der Streit

Die Spieler treten vor und verteilen sich auf der Bühne:

Theatergruppe: *Ich will die Heilige Maria spielen! Nein ich!*
Ich hab lange Haare! Ich hab einen Schleier,
der passt. Ich kann ganz lange knien.
Ich kann ganz fromm schauen!
Du, du schaust wie ein Schaf drein
und nicht wie die Heilige Maria!
Und du mit deinen zerrupften Haaren!
Du bist viel zu groß für die Heilige Maria!
Und du zu klein! Und du zu fett!
– Blöde Kuh!
Na warte! Au! Lass mich los!

Tanz mit Rhythmikstäben symbolisiert Kampf und Streit.

Szene 2: Falscher Opfermut

Engel 1: *Aber Weihnachten ist doch das Fest der Liebe!*
Engel 2: *Aber Weihnachten ist doch das Fest des Friedens!*
Theatergruppe: *Na gut, ich opfere mich:*
Du darfst die Heilige Maria spielen.
Nein du! Nein du!
Ich opfere mich und spiele ein Schaf!
Ich opfere mich und spiele einen Hirten.
Ich opfere mich und spiele den Esel.
Und ich den Ochs. Und ich einen Engel.
(Alle Kinder lassen die Köpfe hängen.)

Szene 3: Die Theatergruppe tritt als Krippenfiguren auf

Engel 1: *Aber Weihnachten ist doch nicht*
das Fest der Traurigkeit!
Engel 2: *Wenn alle tun, was sie gar nicht wollen,*
kommt keine Freude auf!

Diese Szene soll aus dem Ja-Spiel/Impro-Theater (S. 151) entstehen.

Theatergruppe: *Kommt zusammen, wir beraten uns! – Ja!*
Wir finden schon eine Lösung! – Ja!
Wir besprechen alles in Ruhe! – Ja!
Wir können uns ja abwechseln! – Ja!
Das ist eine gute Idee! – Ja!
Wir können wählen! – Ja!
Das kriegen wir schon hin! – Ja!
Ich will sowieso lieber einen Stern spielen! – Ja!
Und ich einen kleinen Hirtenjungen! – Ja!
Jeder soll zufrieden sein! – Ja!

Während des Sprechens fangen die Spieler an sich zu verkleiden. Eine Weihnachtsmusik erklingt, live von einer Kindergruppe gesungen oder von der CD. Die Engel richten die Szene mit Stuhl und Tuch darüber und bilden dann ein Tor mit ihren Händen. Durch das Tor treten die Spieler in ihre Rollen und stellen sich als lebendige Krippe auf.

Wenn alle still stehen, gehen die Engel durch die Krippe und kommentieren den Auftritt:

Engel 1:	**Engel 2:**
Was tun die Engel?	*Sie leuchten und schauen.*
Und Josef und Maria?	*Sie vertrauen.*
Was tun die Tiere?	*Sie wärmen den Stall.*
Was tun die Hirten?	*Sie singen mit Schall.*
Was tun die Könige?	*Sie lassen sich lenken, sie ehren das Kind im Tun und Denken.*
Was tut der Stern?	*Er zeigt ein Ziel, da treffen sich Menschen, bunt und viel.*

Josef und Maria werden lebendig und halten das Christkind hoch:

Josef: *Das Christkind tut nichts.*
Maria: *Es ist neu und klein
und will unser Allerliebstes sein.*

Theatergruppe: *Jetzt spielen wir Weihnachten!*

Szene 4: Die Verkleidung ablegen

Engel 1: *Weihnachten ist kein Spiel!*
Engel 2: *Kannst du Weihnachten leben?*
Theatergruppe: *Weihnachten leben!
Noch nie davon gehört!
Ich kann doch nicht das ganze Jahr
als Heiliger Josef rumlaufen!
Wie soll denn das gehen?
Wie können wir Weihnachten leben?
Also ich will nicht das ganze Jahr Engelshaar
auf dem Kopf! Stellt euch vor, ich komme
jeden Tag als Hirte verkleidet in die Schule!*
Engel 1: *Du brauchst dich nicht zu verkleiden!*
Engel 2: *Leg deine Verkleidung einfach ab!*
Engel 1: *Nimm deine Rolle in dich hinein!*
Engel 2: *Und achte auf dich, wie du bist!*

Weihnachtliche Musik wie oben.
Die Rollenträger legen ihre Verkleidungen an den vorgesehenen Stellen ab und platzieren sich in ihrer Ausgangsposition.
Die Engel überreichen den Spielern goldene Rollenkarten, während sie erklären:

Engel 1: *Wie die Engel leuchtet und schaut,*
Engel 2: *wie das heilige Paar vertraut!*
Engel 1: *Wie die Tiere dürft ihr Wärme spenden,*
Engel 2: *wie die Hirten Freude verschenken!*
Engel 1: *Wie die Könige lasst euch lenken,*
Engel 2: *helft zu forschen und nachzudenken.*
Engel 1: *Wie der Stern führt Menschen zum Ziel,*
Engel 1 und Engel 2: *das sei euer Weihnachtsspiel!*

Schluss

Weihnachtslied

Die Kinder, die Maria und Josef gespielt haben, nehmen die Christkindpuppe vom Stuhl, wiegen sie und geben sie an eine Person im Publikum weiter.

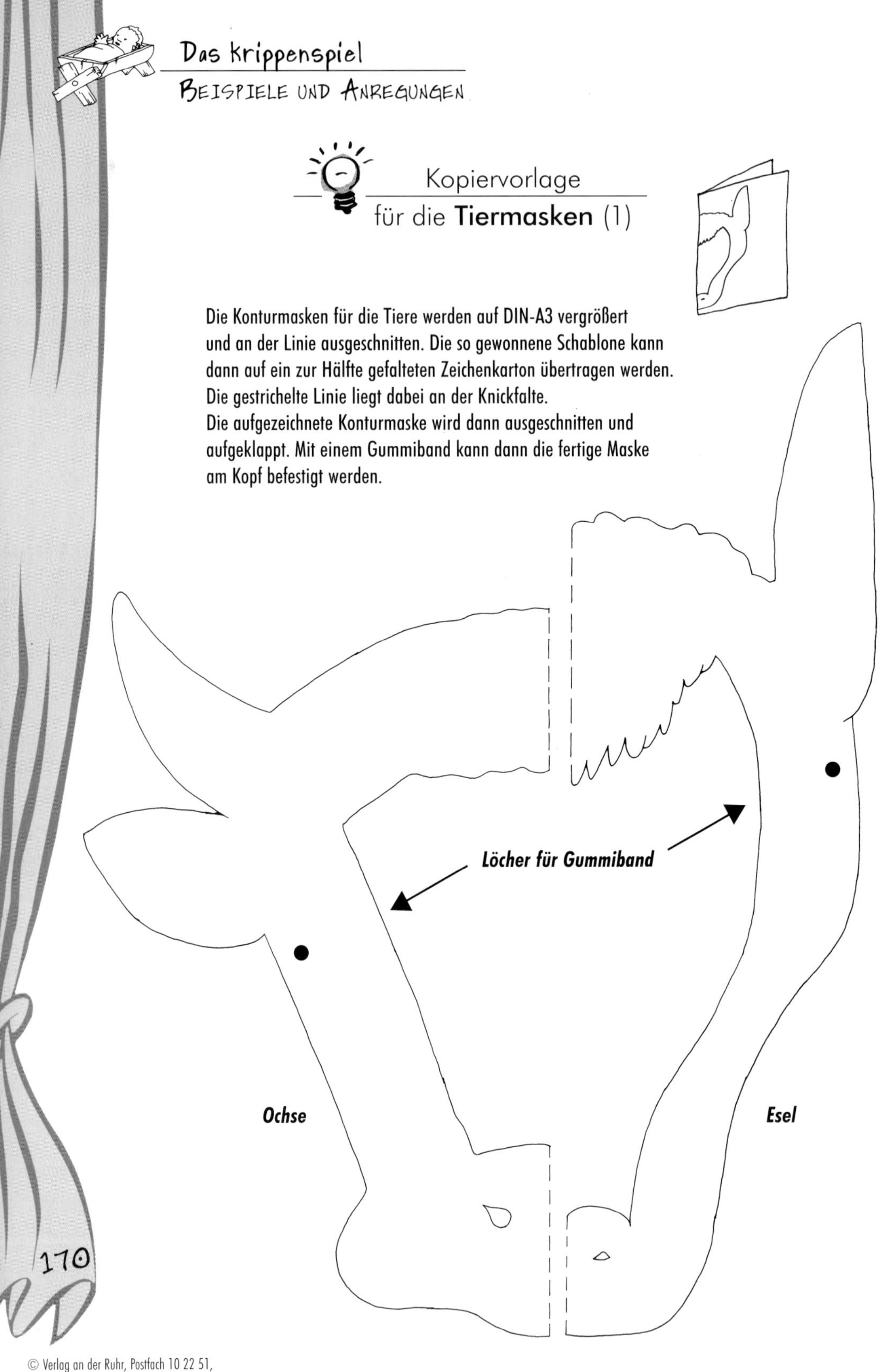
Kopiervorlage
für die Tiermasken (1)
Die Konturmasken für die Tiere werden auf DIN-A3 vergrößert und an der Linie ausgeschnitten. Die so gewonnene Schablone kann dann auf ein zur Hälfte gefalteten Zeichenkarton übertragen werden. Die gestrichelte Linie liegt dabei an der Knickfalte.
Die aufgezeichnete Konturmaske wird dann ausgeschnitten und aufgeklappt. Mit einem Gummiband kann dann die fertige Maske am Kopf befestigt werden.
Löcher für Gummiband
Ochse
Esel

Kopiervorlage für die **Tiermasken** (2)

Bastelanleitung siehe S. 170

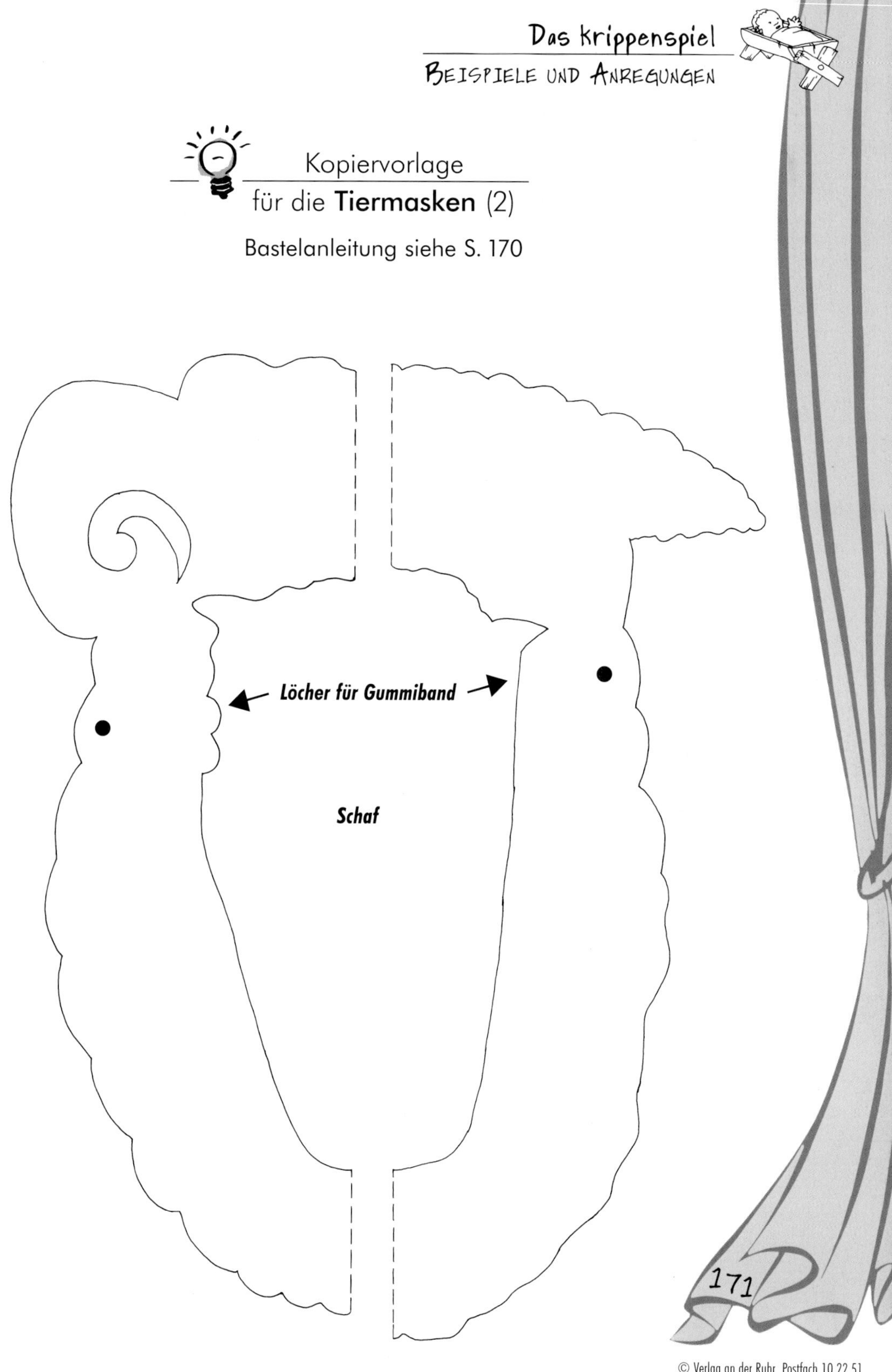

Kopiervorlage

Die **Weihnachtskrippe** (1)

Kopieren Sie die Seite größer und schneiden Sie die Krippenfiguren aus.

Kopiervorlage

Die **Weihnachtskrippe** (2)

Kopieren Sie die Seite größer und schneiden Sie die Krippenfiguren aus.